INTERAÇÃO HUMANO-COMPUTADOR

Luiz Ricardo Mantovani da Silva

INTERAÇÃO HUMANO-COMPUTADOR

Freitas Bastos Editora

Direção Editorial: Isaac D. Abulafia
Gerência Editorial: Marisol Soto
Assistente Editorial: Larissa Guimarães
Diagramação e Capa: Sofia de Souza Moraes
Copidesque: Georgia Pignataro
Revisão: Doralice Daiana da Silva

Dados Internacionais de Catalogação na Publicação (CIP) de acordo com ISBD

S586i Silva, Luiz Ricardo Mantovani da

Interação Humano-Computador / Luiz Ricardo Mantovani da Silva. – Rio de Janeiro, RJ : Freitas Bastos, 2025.
286 p. : 15,5cm x 23cm.

ISBN: 978-65-5675-633-2

1. Ciência da Computação. I. Título.

2025-4891 CDD 004
CDU 004

Elaborado por Vagner Rodolfo da Silva - CRB-8/9410

Índice para catálogo sistemático:
1. Ciência da Computação 004
2. Ciência da Computação 004

Freitas Bastos Editora
atendimento@freitasbastos.com
www.freitasbastos.com

SUMÁRIO

CAPÍTULO 1 – HISTÓRICO, FUNDAMENTOS E IMPORTÂNCIA DA INTERAÇÃO HUMANO--COMPUTADOR (IHC)

1.1 ORIGENS DA INTERAÇÃO HUMANO-COMPUTADOR

A Interação Humano-Computador (IHC) é um campo interdisciplinar que emergiu a partir da necessidade crescente de tornar os sistemas computacionais acessíveis, eficientes e agradáveis para seus usuários. Suas raízes remontam às primeiras décadas da computação moderna, mas seus fundamentos teóricos e práticos foram consolidados especialmente a partir dos anos 1980, com a crescente popularização dos computadores pessoais e o reconhecimento da importância da experiência do usuário nas interações com sistemas computacionais.

Figura 1.1: Interação Humano-Máquina

Fonte: Elaborado pelo autor, 2025.

1.1.1 O NASCIMENTO DA COMPUTAÇÃO MODERNA

A origem da IHC está intrinsecamente ligada ao desenvolvimento da própria computação. A invenção do **ENIAC** (*Electronic Numerical Integrator and Computer*) em 1946 marcou o início da era dos computadores eletrônicos de uso geral. Embora o ENIAC fosse programado por meio de conexões físicas de cabos e interruptores, já surgia a preocupação com a maneira como os humanos interagiriam com essas máquinas complexas (Rogers; Sharp; Preece, 2013).

Figura 1.2: ENIAC, primeiro computador eletrônico de uso geral

Fonte: Adaptada de Rittase (1946).

Durante as décadas de 1950 e 1960, os sistemas computacionais eram acessados por especialistas por meio de **interfaces de linha de**

comando, utilizando cartões perfurados e linguagens de programação de baixo nível. Nessa fase inicial, a interface era extremamente técnica e inacessível para usuários leigos. A noção de "interação" como conhecemos hoje era inexistente — o computador era visto como uma máquina matemática, sem a necessidade de pensar na experiência do operador.

1.1.2 AS CONTRIBUIÇÕES DE VANNEVAR BUSH, DOUGLAS ENGELBART E IVAN SUTHERLAND

Três nomes são fundamentais para entender as origens conceituais da IHC: **Vannevar Bush**, **Douglas Engelbart** e **Ivan Sutherland**.

Vannevar Bush, em seu ensaio visionário "*As We May Think*", publicado em 1945 na revista *The Atlantic*, apresentou o conceito do **Memex**, um dispositivo teórico capaz de armazenar e recuperar informações de forma associativa, como a mente humana. Embora o Memex nunca tenha sido construído, o conceito antecipava o hipertexto e os sistemas de navegação interativa que viriam décadas depois (Bush, 1945).

Douglas Engelbart, por sua vez, em 1968, realizou uma demonstração revolucionária conhecida como "*The Mother of All Demos*". Nela, apresentou pela primeira vez o **mouse**, o **editor de texto interativo**, as **janelas sobrepostas** e o **hipertexto**. Engelbart visava aumentar as capacidades cognitivas humanas por meio da computação interativa — um dos princípios fundadores da IHC (Engelbart, 1968).

Já **Ivan Sutherland**, com seu sistema *Sketchpad* (1963), introduziu a **interação gráfica direta com o computador**, utilizando uma caneta ótica para desenhar em uma tela. Esse trabalho é considerado o precursor das interfaces gráficas (GUI - *Graphical User Interfaces*) e da computação gráfica moderna (Shneiderman *et al.*, 2016).

1.1.3 A VIRADA PARA O DESIGN CENTRADO NO USUÁRIO

Com o advento dos **computadores pessoais** no final da década de 1970 e início dos anos 1980, especialmente com o lançamento do **Apple II** (1977) e do **IBM PC** (1981), a computação passou a atingir um público mais amplo. Essa popularização exigiu a criação de **interfaces**

mais amigáveis, que pudessem ser compreendidas por usuários sem formação técnica. Surge então uma preocupação com aspectos como **facilidade de uso**, **tempo de aprendizagem** e **satisfação do usuário**.

Figura 1.3: IBM Personal Computer, lançado em 1981

Fonte: Computer History Museum, 1981.

A **Xerox PARC** foi uma das instituições mais importantes nesse contexto, ao desenvolver o **Xerox Alto**, que já possuía uma interface gráfica baseada em janelas, ícones e menus, e que mais tarde influenciaria diretamente os sistemas operacionais modernos como o **Mac OS** e o **Windows**.

A partir de então, a IHC passa a se consolidar como um campo próprio de estudo, buscando integrar os conhecimentos da computação, psicologia cognitiva, ergonomia, design gráfico e sociologia para projetar interfaces mais eficazes. Segundo Dix *et al.* (2004), a IHC trata da "análise, projeto, implementação e avaliação de sistemas interativos para uso humano e dos fenômenos que os cercam".

1.1.4 A FORMALIZAÇÃO DO CAMPO

Nos anos 1980, a área de IHC ganhou status de disciplina formal. A publicação do livro *The Psychology of Human-Computer Interaction*, de **Stuart Card, Thomas Moran e Allen Newell** (1983), foi um marco importante. A obra introduziu o **modelo GOMS** (*Goals, Operators, Methods, Selection rules*), uma abordagem formal para descrever como os usuários interagem com sistemas e prever o desempenho humano em tarefas computacionais.

Em 1982, a **ACM** (***Association for Computing Machinery***) criou o **SIGCHI** (***Special Interest Group on Computer-Human Interaction***), organizando a primeira conferência internacional sobre o tema. Desde então, o SIGCHI tornou-se o principal fórum acadêmico e profissional para discussão dos avanços em IHC.

1.2 EVOLUÇÃO DAS INTERFACES E TECNOLOGIAS

A história da Interação Humano-Computador é também a história da evolução das interfaces. À medida que os computadores se tornaram mais poderosos e acessíveis, as interfaces foram se tornando mais intuitivas, gráficas e centradas no ser humano. Essa evolução ocorreu de forma paralela ao avanço das tecnologias computacionais e às mudanças nas expectativas e capacidades dos usuários.

1.2.1 INTERFACES DE LINHA DE COMANDO (CLI)

As primeiras interfaces que permitiam a interação entre humanos e computadores eram baseadas em linha de comando (*CLI - Command Line Interface*).

Figura 1.4: Interface de Linha de Comando (CLI)

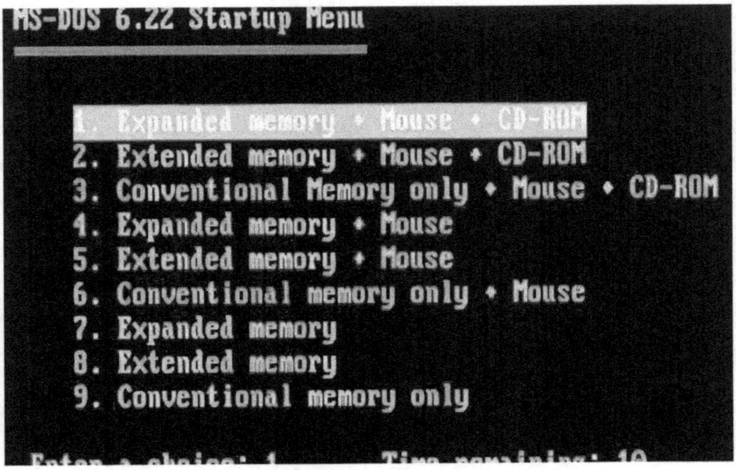

Fonte: Conceitos do Mundo, 2021.

Dessa forma, os usuários precisavam digitar instruções em linguagens específicas para que os computadores executassem as tarefas. O sistema operacional UNIX e seus derivados, como o Linux, popularizaram esse tipo de interface entre os anos 1970 e 1990.

Embora as CLIs fossem poderosas e flexíveis, elas exigiam um alto nível de conhecimento técnico, o que tornava a tecnologia inacessível para usuários comuns. A CLI representava uma forma de comunicação rígida e excludente, onde erros de digitação ou comandos incorretos frequentemente resultavam em falhas ou mensagens de erro enigmáticas (Nielsen, 1993).

1.2.2 INTERFACES GRÁFICAS (GUI)

A evolução mais significativa ocorreu com a introdução das interfaces gráficas do usuário (GUI - *Graphical User Interface*), que passaram a usar janelas, ícones, menus e ponteiros (modelo WIMP). A GUI democratizou o uso dos computadores ao reduzir drasticamente a curva de aprendizagem.

Figura 1.5: Elementos do modelo WIMP (Windows, Icons, Menus, Pointers) em uma interface gráfica

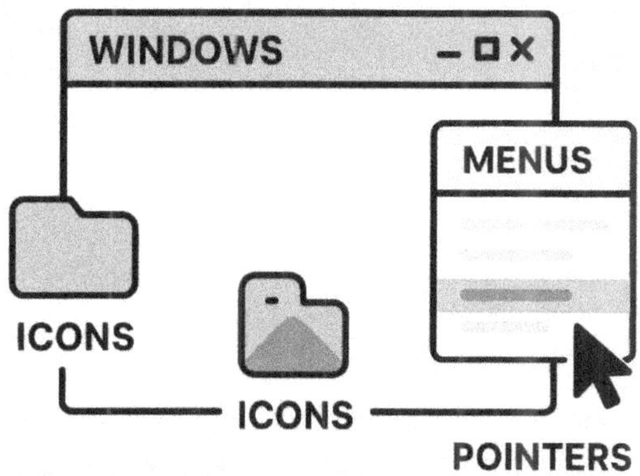

Fonte: Elaborado pelo autor, 2025.

O **Xerox Alto**, de 1973, foi pioneiro ao apresentar um sistema operacional com GUI. Esse conceito foi aperfeiçoado pela **Apple** com o **Lisa** (1983) e o **Macintosh** (1984), e mais tarde pela **Microsoft** com o **Windows**, lançado em 1985.

Ademais, a GUI possibilitou interações visuais diretas, como clicar e arrastar elementos com o mouse, favorecendo a metáfora do "*desktop*", que simulava o ambiente de trabalho físico no digital. Isso contribuiu para tornar a tecnologia mais tangível e compreensível para usuários leigos (Shneiderman *et al.*, 2016).

1.2.3 INTERFACES *WEB*

Nos anos 1990, com a explosão da ***World Wide Web***, surgem as **interfaces baseadas em navegador**, que trazem uma nova lógica de navegação, usando hiperlinks e páginas HTML. A *Web* promoveu uma **padronização da experiência de usuário**, com a criação de navegadores como o Netscape Navigator e, mais tarde, o Internet Explorer.

Figura 1.6: Interface *Web*

Fonte: Elaborado pelo autor, 2025.

A *web* também permitiu o acesso remoto a sistemas interativos, com interfaces que não precisavam ser instaladas localmente. Com o avanço das tecnologias como **JavaScript, CSS e HTML5**, as interfaces *web* tornaram-se cada vez mais ricas e responsivas, permitindo experiências próximas às aplicações *desktop*.

Além disso, surgiram os conceitos de **design responsivo** e ***mobile-first***, para adaptar interfaces a diferentes tamanhos de tela e dispositivos, como *tablets* e *smartphones* (Garrett, 2011).

1.2.4 INTERFACES TANGÍVEIS E MULTITOQUE

O século XXI marca o advento das **interfaces naturais**, com ênfase em interações por **toque, voz e gestos**. O lançamento do **iPhone**

em 2007, por exemplo, revolucionou a interação com dispositivos móveis, ao eliminar botões físicos e adotar a tela multitoque como principal meio de entrada.

Figura 1.7: Interface Multitoque

Fonte: Elaborado pelo autor, 2025.

Esse movimento expandiu-se para interfaces tangíveis, em que objetos físicos são usados para manipular dados digitais. Projetos como o **Reactable** e dispositivos como o **Microsoft Surface** (agora Surface Hub) representam uma convergência entre o mundo físico e digital, criando formas mais naturais e intuitivas de interação (Ishii; Ullmer, 1997).

1.2.5 INTERFACES POR VOZ E ASSISTENTES VIRTUAIS

Com os avanços na inteligência artificial e no reconhecimento de fala, surgem as **interfaces baseadas em linguagem natural**, como os assistentes virtuais Siri, Alexa, Google Assistant e Cortana. Essas tecnologias permitem comandos por voz, leitura de texto e até mesmo diálogos complexos com o usuário.

Figura 1.8: Assistentes

Fonte: Elaborado pelo autor, 2025.

As interfaces de voz trazem desafios únicos, como a ambiguidade da linguagem natural e a necessidade de *feedback* claro. Contudo, também representam uma grande oportunidade de **inclusão digital**, especialmente para pessoas com deficiência visual ou com mobilidade reduzida (Cooper *et al.*, 2014).

1.2.6 REALIDADE AUMENTADA, REALIDADE VIRTUAL E AMBIENTES IMERSIVOS

As interfaces baseadas em realidade aumentada (RA), realidade virtual (RV) e ambientes imersivos representam uma das fronteiras mais empolgantes e disruptivas da interação humano-computador (IHC). Isso porque elas não apenas expandem os limites tradicionais das telas bidimensionais, mas também criam **novos paradigmas de experiência sensorial e cognitiva.**

No caso da RA, essa tecnologia sobrepõe elementos virtuais ao mundo real, permitindo que o usuário continue interagindo com seu ambiente físico enquanto acessa informações digitais contextuais. Exemplos incluem o Microsoft HoloLens, que projeta hologramas tridimensionais no espaço ao redor do usuário, ou aplicativos de celular como o *Pokémon Go*, que integram elementos virtuais em locais reais. A RA tem aplicações práticas poderosas: manutenção industrial com sobreposição de manuais digitais, educação médica com visualização anatômica em tempo real e até mesmo no comércio, permitindo "experimentar" móveis ou roupas em casa antes da compra (Azuma, 1997).

Figura 1.9: Realidade aumentada

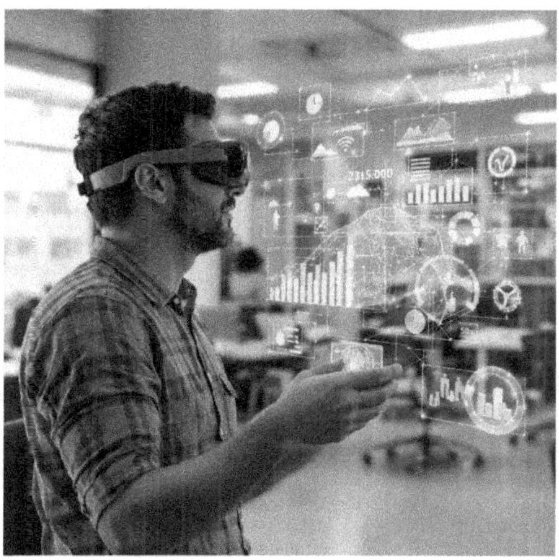

Fonte: Elaborado pelo autor, 2025.

Por outro lado, a RV cria um ambiente totalmente sintético, isolando o usuário do mundo físico e transportando-o para um espaço virtual tridimensional. Dispositivos como o Oculus Rift, HTC Vive e PlayStation VR utilizam telas estereoscópicas, sensores de movimento e controladores táteis para proporcionar **imersão plena**, gerando a sensação de "presença" no espaço virtual. As aplicações vão além dos jogos digitais: incluem treinamento militar e médico, simulações industriais, reabilitação de pacientes e experiências artísticas interativas (Slater; Wilbur, 1997).

Figura 1.10: Realidade virtual

Fonte: Elaborado pelo autor, 2025.

Ambientes imersivos, muitas vezes construídos em domos, *caves* (CAVE *Automatic Virtual Environment*) ou grandes instalações, combinam RA, RV e sistemas multissensoriais para envolver o usuário por completo. Nesses ambientes, há um **uso intenso de *feedback* multissensorial**, como vibrações, sons 3D, resposta tátil (*haptic feedback*) e, em alguns casos, até cheiros e temperaturas simuladas, ampliando a experiência para além da visão e audição. Esses sistemas são aplicados, por exemplo, em design automotivo, no qual engenheiros podem "andar" virtualmente em um carro antes mesmo de construí-lo, ou em simulações de desastres naturais para treinar equipes de resposta a emergências (Bowman *et al.*, 2005).

Do ponto de vista da IHC, o desafio é projetar **interfaces naturais e intuitivas**, que aproveitem gestos, movimentos corporais, comandos de voz e até sinais biológicos (como ondas cerebrais ou batimentos cardíacos) para controlar e interagir com os ambientes. Esses sistemas precisam lidar com problemas complexos como latência, enjoo cibernético (*cybersickness*), alinhamento espacial entre mundos físico e virtual e sobrecarga cognitiva do usuário (Laviola, 2000).

Por fim, é importante destacar as preocupações éticas e sociais relacionadas: privacidade dos dados capturados por sensores, impacto psicológico do uso prolongado de ambientes imersivos e acessibilidade para públicos diversos (incluindo pessoas com deficiência). O avanço tecnológico deve vir acompanhado de uma reflexão crítica sobre seus efeitos nos indivíduos e na sociedade.

1.2.7 INTERFACES CÉREBRO-COMPUTADOR

Entre as fronteiras mais avançadas da IHC está as **interfaces cérebro-computador (BCI – *Brain-Computer Interfaces*)**, que permitem a comunicação direta entre o cérebro humano e dispositivos computacionais. Essas interfaces captam sinais neurais por meio de sensores EEG ou implantes, e têm aplicações promissoras em reabilitação motora, controle de próteses e até interação com sistemas digitais por pessoas com paralisia severa.

Figura 1.11: Interfaces Cérebro-Computador

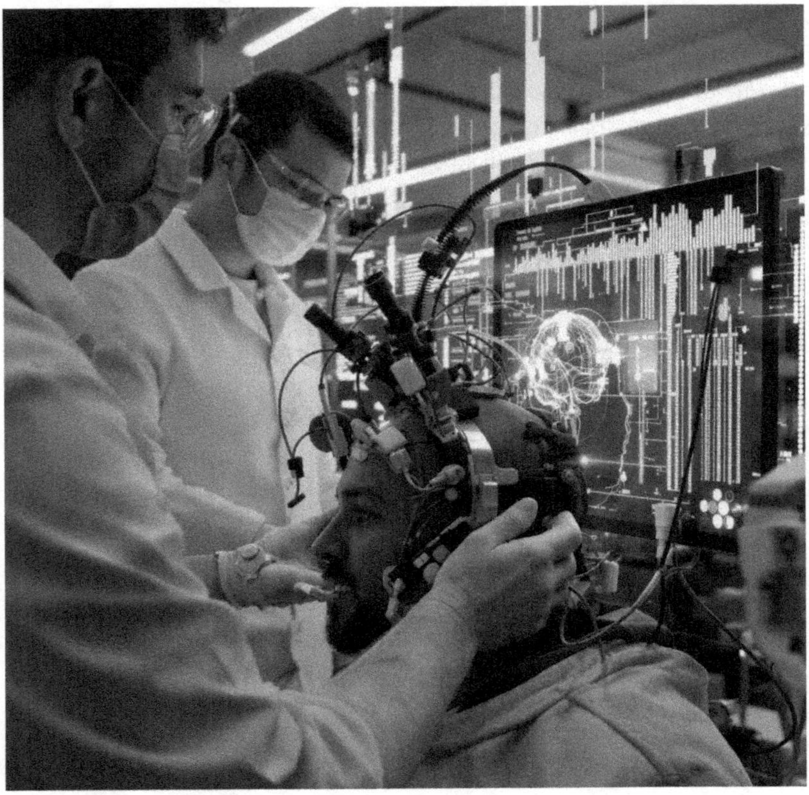

Fonte: Elaborado pelo autor, 2025.

Embora ainda experimentais, essas tecnologias representam o ápice da interação humano-computador, ao eliminar a mediação física tradicional (Wolpaw *et al.*, 2002).

1.3 MULTIDISCIPLINARIDADE DA IHC

A Interação Humano-Computador é, por natureza, um campo **profundamente interdisciplinar**. Seu objetivo central — projetar sistemas interativos eficazes, eficientes e agradáveis para os usuários — demanda o diálogo entre diversas áreas do conhecimento. Essa integração é não apenas desejável, mas essencial, pois o processo de interação envolve tanto aspectos técnicos da computação quanto aspectos humanos, cognitivos, sociais e culturais.

1.3.1 CIÊNCIAS DA COMPUTAÇÃO E ENGENHARIA DE *SOFTWARE*

A **Ciência da Computação** fornece as bases técnicas para o desenvolvimento de interfaces, como estruturas de dados, algoritmos, linguagens de programação, bancos de dados, inteligência artificial, computação gráfica e engenharia de *software*. As **ferramentas e *frameworks*** usados no desenvolvimento de interfaces são oriundos dessa área.

A **Engenharia de *Software***, por sua vez, contribui com metodologias para levantamento de requisitos, desenvolvimento incremental, testes e manutenção de sistemas interativos. A integração entre a engenharia de *software* e a IHC tornou-se indispensável, principalmente com o reconhecimento de que a **usabilidade deve ser considerada desde as fases iniciais de projeto**, e não apenas como um acabamento final (Pressman, 2016).

1.3.2 PSICOLOGIA COGNITIVA E ERGONOMIA

A **psicologia cognitiva** oferece modelos mentais e teorias sobre como os seres humanos percebem, aprendem, memorizam e tomam decisões. Um exemplo clássico é o modelo **de memória de trabalho de Miller (1956)**, que mostrou que os seres humanos conseguem manter cerca de sete (mais ou menos dois) itens na memória de curto prazo, o que impacta diretamente o design de menus, listas e opções em interfaces.

Outro modelo relevante é o **modelo de processamento de informação**, que compara o cérebro humano a um computador, com subsistemas como entrada, processamento, armazenamento e saída. Isso ajudou a entender **tempos de resposta, carga cognitiva, erros e desempenho** em tarefas interativas (Norman, 1988).

A **ergonomia**, por sua vez, preocupa-se com a adaptação do trabalho às capacidades e limitações humanas. Ela contribui para o design físico de dispositivos (como teclados, mouses, telas) e também para o *layout* de informações, a posição de elementos na interface e o conforto na interação prolongada. A ergonomia é dividida em física, cognitiva e organizacional — todas com implicações diretas na IHC (Salvendy, 2012).

1.3.3 DESIGN GRÁFICO E COMUNICAÇÃO VISUAL

A **comunicação visual** e o **design gráfico** são responsáveis por tornar a interface não apenas funcional, mas também esteticamente agradável e compreensível. Essa área trabalha com princípios de **hierarquia visual, contraste, alinhamento, repetição, proximidade e tipografia**, todos essenciais para uma boa experiência de usuário.

Além disso, o uso adequado de **cores, formas, ícones e imagens** pode facilitar a compreensão e a navegação, reduzindo a necessidade de instruções textuais. Designers visuais também colaboram na criação de **protótipos e *wireframes***, auxiliando na materialização de ideias antes da implementação técnica.

1.3.4 ANTROPOLOGIA, SOCIOLOGIA E ESTUDOS CULTURAIS

As **ciências sociais** trazem importantes contribuições para entender o **contexto social, cultural e simbólico** das interações. A forma como diferentes culturas interagem com a tecnologia pode variar amplamente. Por exemplo, a direção da leitura (esquerda para a direita ou vice-versa), o significado das cores, e os hábitos de navegação podem ser distintos em diferentes partes do mundo (Marcus, 2001).

Nesse sentido, a **antropologia** digital estuda como os humanos integram os dispositivos e sistemas em seu cotidiano, e como esses elementos influenciam práticas sociais, comunicação e relações. Já a **etnografia** e a observação participante são metodologias comumente adotadas para coletar dados sobre o uso real das interfaces.

A **sociologia**, por sua vez, permite compreender como as estruturas sociais influenciam o acesso, uso e apropriação das tecnologias. Questões como **inclusão digital, desigualdade de acesso, gênero, classe**

social e **gerações digitais** são fundamentais para pensar o design de sistemas realmente inclusivos (Warschauer, 2003).

1.3.5 LINGUÍSTICA E SEMIÓTICA

A **linguística** e a **semiótica** analisam como a linguagem e os signos são usados nas interfaces. A escolha de rótulos, instruções, mensagens de erro e botões deve levar em conta os princípios da **clareza, consistência, concisão e naturalidade** da linguagem.

A semiótica, particularmente, estuda os **significados dos símbolos** usados nas interfaces, ajudando os designers a selecionarem ícones e elementos visuais que transmitam significados de forma eficiente. Como afirma Eco (1984), todo signo é uma invenção cultural, e sua interpretação depende do repertório do usuário.

1.3.6 EDUCAÇÃO E TECNOLOGIAS DE APRENDIZAGEM

O campo da **educação** também influencia fortemente a IHC, especialmente quando se trata de desenvolver **ambientes de aprendizagem digitais**, como plataformas EAD, jogos educacionais e simuladores. A interface deve ser projetada para facilitar a **curva de aprendizagem**, oferecer ***feedback* instrucional**, e promover o **engajamento do usuário-aluno**.

Ademais, conceitos como **andragogia**, **motivação intrínseca**, **metacognição** e **estilos de aprendizagem** afetam diretamente o design instrucional de interfaces educacionais (Mayer, 2009). A IHC, nesse caso, se conecta com a pedagogia e a psicologia educacional.

1.3.7 ARTE E EXPERIÊNCIA ESTÉTICA

A IHC também dialoga com o campo da **arte**, especialmente no desenvolvimento de interfaces que não são apenas utilitárias, mas **expressivas e sensoriais**. As interfaces artísticas exploram sons, cores, movimentos e até mesmo interações imersivas que transcendem o objetivo funcional tradicional.

Em jogos digitais, por exemplo, o design de interface pode ser **narrativo, simbólico e emocional**, evocando respostas afetivas nos usuários. Isso conecta a IHC ao campo da **experiência do usuário** (UX) e do **design emocional**, conforme discutido por Norman (2004).

1.4 RELEVÂNCIA ATUAL E FUTURA DA IHC

Nos dias atuais, a Interação Humano-Computador não é apenas uma área de interesse técnico ou acadêmico, mas uma **necessidade estratégica** para empresas, instituições e governos. Em um mundo cada vez mais mediado por tecnologias digitais, a qualidade da interação entre humanos e sistemas tornou-se fator determinante para o sucesso de produtos, serviços e experiências.

Além disso, os desafios contemporâneos da IHC vão além da criação de interfaces funcionais. Exigem reflexões profundas sobre ética, inclusão, acessibilidade, transparência e impactos sociais das tecnologias emergentes.

1.4.1 A UBIQUIDADE DA COMPUTAÇÃO

Vivemos na era da **computação ubíqua**, termo cunhado por Mark Weiser (1991), na qual os dispositivos computacionais estão por toda parte — nos bolsos, nas casas, nos carros, no corpo humano. *Smartwatches*, *smartphones*, sensores, assistentes virtuais e eletrodomésticos inteligentes demandam interfaces adaptáveis, contextuais e responsivas.

Nesse cenário, a IHC se torna essencial para garantir que esses múltiplos sistemas possam ser utilizados com **fluidez, segurança e prazer**, considerando os diferentes perfis de usuários, ambientes de uso e restrições tecnológicas.

1.4.2 O IMPACTO DA EXPERIÊNCIA DO USUÁRIO (UX)

Empresas como Apple, Google, Amazon e Microsoft já reconheceram que o **design da experiência do usuário (UX)** é um diferencial competitivo crucial. Produtos intuitivos e envolventes não apenas fidelizam clientes, mas também reduzem custos com suporte técnico, aumentam produtividade e fortalecem marcas (Garrett, 2011).

A UX é um desdobramento da IHC que se preocupa não apenas com a eficiência da tarefa, mas com **a experiência emocional, estética e simbólica** do usuário durante a interação. Isso inclui o uso de elementos narrativos, gamificação, *feedback* sensorial e personalização da interface (Norman, 2004).

1.4.3 ACESSIBILIDADE E INCLUSÃO DIGITAL

A IHC tem um papel socialmente relevante ao promover a **acessibilidade digital**, garantindo que sistemas possam ser utilizados por pessoas com deficiência visual, auditiva, motora ou cognitiva. Diretrizes como as **WCAG** (***Web Content Accessibility Guidelines***), promovidas pela W3C, orientam o design inclusivo de interfaces digitais.

Dessa forma, a acessibilidade não deve ser vista como um recurso opcional ou adicional, mas como parte integral do projeto. Tecnologias assistivas como leitores de tela, ampliadores, legendas automáticas, comandos por voz e interfaces táteis são exemplos concretos de aplicação da IHC em favor da equidade digital (Livermore; Rottenberg, 2010).

1.4.4 IHC E ÉTICA DIGITAL

A popularização de sistemas inteligentes, como ***chatbots***, **recomendações algorítmicas** e **interfaces preditivas**, exige uma abordagem ética na IHC. Questões como **viés algorítmico**, **transparência de decisões**, **privacidade de dados** e **autonomia do usuário** estão cada vez mais em pauta.

A IHC, nesse contexto, deve contribuir para a criação de sistemas que respeitem os direitos dos usuários, que sejam auditáveis, explicáveis e que promovam **consentimento informado** durante a interação. A ética da IHC deve ser integrada desde o início do projeto, e não apenas como uma revisão posterior (Friedman; Hendry, 2019).

1.4.5 INTELIGÊNCIA ARTIFICIAL E INTERAÇÃO

A ascensão da Inteligência Artificial (IA) representa tanto um desafio quanto uma oportunidade para a IHC. Sistemas de IA estão cada vez mais presentes em áreas como diagnósticos médicos, veículos autônomos, sistemas de justiça, mercado financeiro, entre outros.

Diante desse cenário, a IHC deve se adaptar para lidar com **comportamentos não determinísticos**, **interfaces adaptativas** e **interações proativas**, onde o sistema antecipa necessidades do usuário. Isso requer novos modelos mentais, novos paradigmas de usabilidade e novas estratégias de *feedback* e controle humano (Amershi *et al.*, 2019).

1.4.6 TENDÊNCIAS FUTURAS

Entre as principais tendências que moldarão o futuro da IHC, destacam-se:

- Interfaces cérebro-computador cada vez mais precisas e responsivas, ampliando o leque de comunicação para pessoas com limitações motoras severas;
- Interfaces conversacionais com linguagem natural fluente e empática, substituindo menus e formulários por diálogo;
- Ambientes imersivos com realidade aumentada e realidade virtual integrados ao cotidiano;
- Computação afetiva, onde sistemas detectam e respondem a emoções humanas em tempo real;
- Interfaces invisíveis, integradas ao ambiente, que interagem por sensores, gestos e biometria.

A IHC será cada vez mais importante na mediação entre humanos e sistemas complexos, com impacto direto na produtividade, saúde, educação, cidadania e bem-estar.

CONSIDERAÇÕES FINAIS DO CAPÍTULO 1

Neste capítulo, discutimos o nascimento e a evolução da Interação Humano-Computador, suas raízes históricas e seus marcos tecnológicos. Exploramos também sua natureza interdisciplinar, que integra conhecimentos da computação, psicologia, design, ciências sociais e humanas. Por fim, refletimos sobre sua relevância atual e projeções futuras, que colocam a IHC como uma das áreas mais estratégicas da sociedade digital contemporânea.

A Interação Humano-Computador deixou de ser um campo periférico e técnico, e passou a ser **essencial para o sucesso de qualquer sistema, produto ou serviço baseado em tecnologia**. Seu foco no ser humano, na experiência e na ética torna-a uma área profundamente conectada com os valores da sociedade que estamos construindo.

Questões – Capítulo 1: Histórico, Fundamentos e Importância da Interação Humano-Computador (IHC)

1) O que é Interação Humano-Computador (IHC) e por que ela surgiu? Explique o contexto histórico que levou ao surgimento da IHC como campo interdisciplinar e sua ligação com a evolução da computação moderna.

2) Quais foram as principais contribuições de Vannevar Bush, Douglas Engelbart e Ivan Sutherland para a IHC? Descreva como as ideias desses pioneiros influenciaram conceitos como hipertexto, interfaces gráficas e interação direta.

3) Por que a popularização dos computadores pessoais nos anos 1980 foi um marco para a IHC? Analise como a mudança de público (de especialistas para usuários leigos) impactou os paradigmas de design e usabilidade.

4) Qual é o papel da interdisciplinaridade na IHC? Liste pelo menos três áreas do conhecimento que contribuem para a IHC e explique como cada uma influencia o design de interfaces.

5) Quais são os principais desafios éticos associados ao desenvolvimento de sistemas interativos? Comente sobre privacidade,

transparência e autonomia do usuário no contexto da ética digital aplicada à IHC.

6) Como a IHC promove acessibilidade e inclusão digital? Cite exemplos de tecnologias assistivas e diretrizes que orientam o design inclusivo, destacando sua importância social.

7) De que maneira a Inteligência Artificial está mudando o cenário da IHC? Explique os desafios trazidos pelos sistemas adaptativos e proativos, e como eles exigem novos modelos mentais de interação.

8) Quais são algumas tendências futuras destacadas para a IHC no capítulo? Mencione pelo menos três tendências tecnológicas que moldarão o futuro das interfaces, segundo o livro.

9) Por que a IHC é considerada essencial para o sucesso de produtos e serviços tecnológicos? Analise o impacto que um design centrado no ser humano tem sobre experiência, produtividade e bem-estar.

10) Como a evolução da IHC reflete os valores da sociedade digital contemporânea? Discuta a relação entre tecnologia, ética e cidadania no contexto atual, conforme apresentado no capítulo.

CAPÍTULO 2 – DESIGN CENTRADO NO USUÁRIO (DCU)

2.1 PRINCÍPIOS DO DESIGN CENTRADO NO USUÁRIO

O **Design Centrado no Usuário** (DCU) é uma abordagem de desenvolvimento de sistemas interativos que coloca o **usuário no centro do processo de projeto**, levando em consideração suas necessidades, limitações, contextos, objetivos e preferências. Essa metodologia representa uma mudança de paradigma em relação ao modelo tradicional centrado na tecnologia, promovendo uma visão mais **humana, empática e contextualizada** da interação com sistemas computacionais.

A proposta do DCU é que a qualidade da interface — e, consequentemente, a qualidade da experiência — resulta não apenas da funcionalidade do sistema, mas de **como ele é percebido, utilizado e vivenciado pelo usuário final** (ISO 9241-210, 2010).

2.1.1 FUNDAMENTOS FILOSÓFICOS E HISTÓRICOS

O surgimento do DCU está profundamente relacionado com o desenvolvimento da Interação Humano-Computador (IHC) e da usabilidade, especialmente nas décadas de 1980 e 1990. Durante esse período, pesquisadores e profissionais perceberam que muitos sistemas tecnicamente robustos falhavam por serem difíceis de usar, pouco intuitivos ou desconsiderarem o contexto real de uso.

Inspirado em princípios da **engenharia cognitiva** e da **psicologia do usuário**, o DCU busca alinhar os objetivos do sistema com os modelos mentais dos usuários. Donald Norman (1988), um dos precursores do movimento, defende que os sistemas devem ser "**inteligentemente burros**", ou seja, simples, previsíveis e consistentes, mesmo que isso exija ocultar a complexidade do código subjacente

O DCU também se fundamenta em valores éticos e sociais, defendendo o direito dos usuários a interações que respeitem sua dignidade, autonomia e diversidade. Para isso, adota práticas como **testes com usuários reais,** ***feedback*** **contínuo**, e **melhoria iterativa**.

2.1.2 DEFINIÇÕES NORMATIVAS: ISO 9241-210

A norma **ISO 9241-210:2010** define o DCU como:

> Uma abordagem ao design de sistemas interativos que visa tornar os sistemas mais utilizáveis, centrando-se na utilização do sistema, na compreensão e no contexto do usuário, com uma participação ativa do usuário ao longo de todo o processo de projeto e desenvolvimento.

Segundo a norma, os **princípios fundamentais do DCU** são:

a) **O design é baseado na compreensão explícita dos usuários, tarefas e ambientes.**

Isso significa que o projeto de interface começa com o estudo sistemático dos usuários reais: suas características cognitivas, físicas, emocionais, sociais e culturais, bem como as tarefas que realizam e os ambientes em que interagem com o sistema (Garrett, 2011).

b) **Os usuários estão envolvidos ativamente durante todo o processo de design e desenvolvimento.**

O DCU é participativo: usuários reais são consultados desde a fase de concepção até o lançamento e manutenção, por meio de entrevistas, observações, testes de usabilidade e co-design.

c) **O design é impulsionado e refinado por meio da avaliação centrada no usuário.**

Prototipagem e testes com usuários devem ser realizados em ciclos iterativos. As respostas colhidas orientam a melhoria contínua do sistema.

d) **O processo é iterativo.**

O DCU prevê ciclos de design, prototipagem, teste e reformulação. A interação com os usuários não é pontual, mas contínua.

e) **O design atende a toda a experiência do usuário.**

Vai além da interface visual ou da funcionalidade: considera emoções, expectativas, memórias e percepções ao longo da jornada de uso.

f) **A equipe de projeto é multidisciplinar.**

O sucesso do DCU depende da colaboração entre designers, engenheiros, programadores, psicólogos, sociólogos e, claro, os próprios usuários (Norman, 2004; ISO 9241-210, 2010).

2.1.3 O PAPEL DO USUÁRIO NO DCU

O ponto central do DCU é a valorização do **usuário como especialista em sua própria experiência**. Isso não significa que o usuário tomará todas as decisões de design, mas que sua perspectiva deve ser respeitada, investigada e integrada ao projeto.

Dessa forma, o usuário deixa de ser um mero receptor de tecnologia e passa a ser um **coprodutor de sentido** no processo. Isso reforça uma postura ética e empática por parte dos projetistas, que devem buscar compreender o outro em sua complexidade, e não apenas como um "usuário médio".

Além disso, o DCU valoriza **a diversidade de perfis**, reconhecendo que diferentes pessoas podem interagir de formas distintas com o mesmo sistema, de acordo com fatores como idade, nível de alfabetização digital, deficiência, idioma, cultura e gênero.

2.1.4 DESIGN UNIVERSAL E DESIGN INCLUSIVO

O DCU também incorpora princípios do **design universal** e do **design inclusivo**, visando criar sistemas que sejam acessíveis e utilizáveis pelo maior número possível de pessoas, **sem necessidade de adaptação ou projeto especializado.**

O design universal se baseia em sete princípios estabelecidos por Ron Mace e equipe (1997):

1. Uso equitativo;
2. Flexibilidade no uso;
3. Simples e intuitivo;
4. Informação perceptível;
5. Tolerância a erros;
6. Baixo esforço físico;
7. Tamanho e espaço apropriados para uso.

Tais princípios dialogam com os objetivos do DCU ao propor sistemas mais **inclusivos, éticos e sustentáveis**, que respeitem a diversidade humana como valor central.

2.2 ETAPAS DO PROCESSO DE DESIGN

O processo de Design Centrado no Usuário é caracterizado por uma estrutura **iterativa, participativa e orientada por dados empíricos**. Embora haja diferentes modelos metodológicos, a maioria segue um ciclo que inclui as seguintes etapas: **entendimento do contexto**, **especificação de requisitos**, **geração de soluções**, **prototipagem**, **avaliação com usuários**, e **refinamento**. Essas fases não ocorrem de forma linear, mas sim em ciclos sucessivos de aprimoramento.

A seguir, detalharemos as etapas essenciais do DCU, com base nas diretrizes propostas pela **ISO 9241-210:2010**, por Norman (2004) e por práticas consolidadas na indústria de UX e desenvolvimento de produtos digitais.

2.2.1 ENTENDIMENTO E ANÁLISE DO CONTEXTO DE USO

O ponto de partida do DCU é a compreensão profunda do **contexto de uso** do sistema. Essa etapa visa mapear:

- Quem são os usuários (idade, perfil, habilidades, expectativas);

- Quais tarefas serão realizadas;
- Em quais ambientes (físicos, sociais, tecnológicos) ocorrerá a interação.

Esse levantamento pode ser feito por meio de **entrevistas, observações, *shadowing*, diários de uso, etnografia, análise de *stakeholders*, mapas de empatia** e outras técnicas qualitativas e quantitativas (Garrett, 2011).

A meta é evitar suposições e tomar decisões baseadas em dados reais sobre os usuários, suas rotinas e dificuldades. Um erro comum de projetos mal sucedidos é considerar os usuários como "iguais a nós", o que leva a decisões enviesadas.

2.2.2 DEFINIÇÃO E ESPECIFICAÇÃO DE REQUISITOS

Compreendido o contexto, o próximo passo é definir os **requisitos funcionais e não funcionais** do sistema, com ênfase nas necessidades dos usuários. Nesta etapa, são identificados:

- O que o sistema deve fazer (funções essenciais);
- Como ele deve se comportar (desempenho, usabilidade, acessibilidade, segurança);
- Quais restrições devem ser consideradas (tecnológicas, orçamentárias, legais).

Os requisitos não devem ser definidos apenas por desenvolvedores ou gestores. **Usuários devem participar ativamente** da construção dessa lista, validando se suas necessidades estão de fato representadas.

Ferramentas como **personas, cenários de uso, mapas de jornada do usuário e histórias de usuário (*user stories*)** ajudam a dar vida aos requisitos, tornando-os mais compreensíveis e alinhados à realidade.

2.2.3 GERAÇÃO DE SOLUÇÕES E IDEAÇÃO

Com os requisitos definidos, inicia-se a etapa criativa de **exploração de soluções**, também chamada de **ideação**. Aqui, o foco é gerar múltiplas possibilidades para resolver os problemas identificados, sem julgamentos prematuros.

Para isso, métodos como ***brainstorming***, **cocriação com usuários**, **design participativo**, **mapas mentais**, ***storyboards***, ***sketches***, e ***benchmarking*** com sistemas similares são utilizados para estimular a criatividade e diversidade de propostas.

Essa fase também é essencial para fomentar a **inovação centrada no ser humano**, ao promover o diálogo entre profissionais de diferentes áreas e os próprios usuários (Brown, 2009).

2.2.4 PROTOTIPAGEM

Após selecionar as ideias mais promissoras, passa-se à **materialização das soluções** por meio de **protótipos**. Esses artefatos podem variar em fidelidade, complexidade e interatividade:

- Protótipos de baixa fidelidade: esboços em papel, *wireframes*, fluxogramas;
- Protótipos de média fidelidade: maquetes digitais com navegação limitada;
- Protótipos de alta fidelidade: simulações próximas do produto final, com visual e interatividade completos.

A prototipagem permite **testar hipóteses de design rapidamente**, reduzindo riscos e custos. Segundo Buxton (2007), "o protótipo é uma forma de pensar", e não apenas um passo antes da implementação.

Ferramentas populares incluem **Figma, Adobe XD, Axure, Sketch, InVision**, entre outras.

2.2.5 AVALIAÇÃO E TESTES COM USUÁRIOS

Com os protótipos em mãos, realiza-se a **avaliação centrada no usuário**, que pode ocorrer de diversas formas:

- Testes de usabilidade: usuários executam tarefas enquanto são observados;

- Entrevistas pós-teste: coleta de percepções e sentimentos;
- Análise de métricas: tempo de execução, erros, cliques, taxa de sucesso;
- Testes A/B: comparação entre variações de interface;
- *Eye tracking*: mapeamento do olhar sobre a interface.

A avaliação deve ser feita com **usuários reais, em situações reais ou simuladas**, e os resultados devem retroalimentar o processo de design, promovendo ajustes e melhorias.

2.2.6 ITERAÇÃO E REFINAMENTO

Um dos pilares do DCU é a **iteratividade do processo**. As avaliações não são o fim do ciclo, mas o início de novos ciclos. Os dados coletados devem orientar alterações na interface, na arquitetura da informação, nas funcionalidades ou até nos requisitos do sistema.

Esse **refinamento contínuo** garante que o sistema evolua em sintonia com as necessidades dos usuários e com os avanços tecnológicos, sociais e culturais. Como diz o ditado no design: "projeto nunca termina, apenas é lançado" (Krug, 2014).

2.3 BENEFÍCIOS E DESAFIOS DO DCU

O Design Centrado no Usuário oferece uma série de **benefícios concretos e estratégicos** tanto para os usuários finais quanto para as organizações que adotam essa abordagem. No entanto, sua implementação na prática também apresenta **desafios metodológicos, organizacionais e culturais**.

Nesta seção, analisamos os principais ganhos proporcionados pelo DCU, bem como os obstáculos mais comuns enfrentados em projetos que buscam integrar a perspectiva do usuário desde as fases iniciais do desenvolvimento.

2.3.1 BENEFÍCIOS DO DCU

a) Aumento da usabilidade e da satisfação do usuário

O benefício mais evidente do DCU é a melhoria da **usabilidade** do sistema, resultando em uma experiência de uso mais fluida, agradável e eficaz. Sistemas centrados no usuário tendem a:

- Ser mais fáceis de aprender;
- Exigir menos esforço cognitivo;
- Reduzir erros durante a execução de tarefas;
- Aumentar a confiança e o engajamento do usuário (Nielsen, 1993).

Além disso, o foco contínuo na **experiência do usuário (UX)** gera um impacto positivo na percepção subjetiva do produto, contribuindo para a **fidelização e retenção de usuários.**

b) Redução de custos e retrabalho

Contrariando a percepção de que o DCU encarece os projetos, estudos demonstram que **problemas de usabilidade identificados nas fases iniciais** são muito mais baratos de resolver do que aqueles encontrados após o lançamento.

De acordo com Pressman (2016), os custos de correção de um erro de interface aumentam exponencialmente se ele for detectado após a codificação ou a liberação do produto. O DCU, ao incluir testes com protótipos e ciclos iterativos, **previne falhas e retrabalhos caros.**

c) Aumento da produtividade e eficiência

Sistemas bem projetados permitem que os usuários **realizem suas tarefas de forma mais rápida, precisa e consistente**. Em ambientes corporativos, isso se traduz em **ganhos de produtividade, redução de erros operacionais e economia de tempo**. Empresas que aplicam princípios de usabilidade em sistemas internos frequentemente observam melhora significativa no desempenho de suas equipes, reduzindo também a necessidade de treinamentos e suporte técnico (Shneiderman *et al.*, 2016).

d) Diferencial competitivo e inovação

Produtos com **excelente experiência de uso** tendem a se destacar no mercado. O design centrado no usuário permite criar soluções que vão além do esperado, surpreendendo positivamente o usuário e gerando vantagem competitiva. Marcas como Apple, Google, Airbnb e Spotify investem fortemente em **pesquisa com usuários, design iterativo e prototipação**, e são reconhecidas por seu foco em UX como um motor de inovação.

e) Aderência a padrões e legislações

Adotar o DCU favorece o **cumprimento de normas técnicas** (como ISO 9241), boas práticas internacionais (como as diretrizes de acessibilidade WCAG), e até **exigências legais**, como leis de acessibilidade digital e proteção de dados pessoais (por exemplo, a LGPD no Brasil ou o GDPR na Europa).

Dessa forma, projetar com base no usuário significa **antecipar riscos legais e reputacionais**, tornando os sistemas mais robustos e sustentáveis a longo prazo.

2.3.2 DESAFIOS NA IMPLEMENTAÇÃO DO DCU

Apesar de seus inúmeros benefícios, implementar o DCU na prática envolve **vários obstáculos** que precisam ser compreendidos e enfrentados.

a) Resistência organizacional e cultura centrada na tecnologia

Muitas empresas e equipes ainda mantêm uma **cultura centrada na tecnologia**, onde o foco está em funcionalidades, performance técnica e prazos, relegando a experiência do usuário a um segundo plano.

Nesse contexto, a introdução do DCU exige uma **mudança de mentalidade**, na qual o usuário passa a ser considerado parte do time de projeto. Essa transição nem sempre é bem recebida, especialmente em ambientes com estruturas rígidas ou culturas hierárquicas.

b) Falta de recursos e tempo

O DCU demanda tempo, equipe especializada, ferramentas e engajamento contínuo dos usuários. Em projetos com **cronogramas apertados ou orçamentos reduzidos**, pode haver pressão para cortar etapas como pesquisa, prototipagem e testes, comprometendo os resultados.

É necessário mostrar que o DCU, embora mais exigente inicialmente, **evita retrabalho e gera economia a médio e longo prazo**, além de melhorar os resultados do produto.

c) Dificuldade de acesso aos usuários

Outro desafio comum é a dificuldade em **recrutar e envolver usuários reais** durante o processo de design. Em alguns contextos, os usuários estão geograficamente distantes, indisponíveis ou não autorizados a participar dos testes.

Isso pode ser mitigado com estratégias como:

- Criação de personas bem fundamentadas;
- Uso de testes remotos;
- Coleta de dados em ambientes simulados;
- Parcerias com áreas que mantêm contato com os usuários.

d) Ambiguidade nos requisitos do usuário

Nem sempre os usuários sabem expressar claramente o que desejam ou necessitam. Muitas vezes, suas declarações iniciais não refletem os reais problemas de uso. Isso exige **sensibilidade e métodos adequados de escuta ativa, observação contextual e análise de comportamento**.

Como alerta Norman (2004), os usuários não devem ser tratados como projetistas. Cabe à equipe de design interpretar suas necessidades e transformá-las em soluções viáveis.

e) Integração entre áreas

Como o DCU é multidisciplinar, ele depende de **comunicação efetiva entre designers, programadores, engenheiros, analistas e *stakeholders***. A ausência de uma linguagem comum ou de processos colaborativos pode gerar conflitos, mal-entendidos e produtos inconsistentes.

Portanto, adotar *frameworks* de desenvolvimento ágil (como *Scrum* ou *Design Thinking*), promover *workshops* interdisciplinares e cultivar uma **cultura de colaboração horizontal** são formas de reduzir esse desafio.

2.4 DCU NA PRÁTICA PROFISSIONAL

A aplicação do Design Centrado no Usuário (DCU) no contexto profissional tem se revelado um diferencial competitivo e um facilitador para a criação de produtos que realmente atendam às necessidades e expectativas dos usuários. Nesta seção, serão abordados os aspectos práticos dessa abordagem, desde a integração do DCU nas rotinas de trabalho até a apresentação de estudos de caso que evidenciam os ganhos obtidos através dessa metodologia.

2.4.1 INTEGRAÇÃO DO DCU NO FLUXO DE TRABALHO

A implementação do DCU em empresas e projetos de desenvolvimento de sistemas requer, primeiramente, uma mudança na cultura organizacional. Essa transformação passa pela conscientização de que o foco na experiência do usuário não é um "extra" opcional, mas sim uma etapa fundamental para o sucesso do produto. Nesse sentido, a adoção do DCU demanda:

- Capacitação da equipe: Investir em treinamentos e *workshops* para que profissionais de diversas áreas compreendam os fundamentos e a importância do DCU. Estudos demonstram que a interdisciplinaridade é um dos pilares do sucesso em projetos de design interativo (Cooper *et al.*, 2014).
- Metodologias ágeis e colaborativas: *Frameworks* como o *Scrum* e o *Design Thinking* facilitam a integração do *feedback* dos usuários no processo iterativo. Nessas abordagens, os ciclos curtos de desenvolvimento permitem a identificação precoce de problemas de usabilidade e a implementação de melhorias contínuas (Krug, 2014).

- Ferramentas de prototipagem e testes: A utilização de ferramentas digitais para a criação de protótipos — como Figma, Sketch, Adobe XD e InVision —, aliada a métodos de teste (entrevistas, testes A/B, *eye tracking*, entre outros), é fundamental para materializar as hipóteses de design e validar as soluções propostas (Buxton, 2007).

A integração efetiva do DCU no fluxo de trabalho demanda uma articulação cuidadosa entre áreas técnicas e criativas, de modo a promover um ambiente de colaboração e comunicação aberta. Essa integração é facilitada por reuniões interdisciplinares, análises de métricas de uso e a constante documentação dos aprendizados ao longo do processo.

2.4.2 ESTUDOS DE CASO E EXEMPLOS PRÁTICOS

A experiência acumulada de empresas que adotaram o DCU evidencia resultados positivos tanto na satisfação dos usuários quanto na eficiência operacional dos sistemas. Alguns exemplos práticos destacam a aplicação dos conceitos de DCU:

a) Redes Sociais e Plataformas Digitais

Plataformas de redes sociais, como o Facebook e o Instagram, passaram por constantes revisões de suas interfaces com base em testes de usabilidade e análises comportamentais dos usuários. A implementação de interfaces intuitivas e a adaptação de funcionalidades para dispositivos móveis são resultados diretos da aplicação dos princípios do DCU. O foco em oferecer uma experiência de usuário fluida, com *feedback* visual e interações simplificadas, tem contribuído para a elevada taxa de engajamento observada nessas plataformas (Norman, 2004).

b) Aplicativos de Finanças e Pagamentos Móveis

No setor financeiro, aplicativos de pagamento e gestão financeira, como o Nubank e o PicPay, investem intensivamente em DCU para facilitar a compreensão de serviços complexos. Por meio de testes de usabilidade e de um design iterativo, essas empresas conseguem reduzir a curva de aprendizado dos usuários e aumentar a confiança na utilização dos serviços digitais.

A clareza na disposição de informações, a segurança perceptível nas transações e o suporte interativo exemplificam a aplicação dos princípios de usabilidade e da experiência do usuário no ambiente financeiro (Garrett, 2011).

c) Sistemas de e-commerce

No comércio eletrônico, o DCU é um fator determinante para a conversão de visitantes em clientes. Lojas virtuais que aplicam práticas de DCU oferecem processos de navegação simplificados, *layouts* que priorizam a visualização dos produtos e mecanismos de busca otimizados. Esses elementos são fruto de uma análise detalhada dos padrões de comportamento dos usuários, que são testados e refinados constantemente. A redução da taxa de abandono do carrinho e o aumento das vendas são evidências práticas dos benefícios trazidos pelo DCU (Shneiderman *et al.*, 2016).

d) Soluções de Saúde Digital

O setor da saúde tem incorporado o DCU na criação de sistemas de telemedicina, prontuários eletrônicos e aplicativos de monitoramento da saúde. Esses sistemas devem ser particularmente sensíveis às necessidades de diversos perfis de usuários, desde profissionais de saúde até pacientes com diferentes níveis de letramento digital. A interface intuitiva e a clareza na comunicação de informações críticas têm impacto direto na segurança e na eficácia dos serviços oferecidos, reforçando a importância da aplicação do DCU nesse contexto (Dix *et al.*, 2004).

2.4.3 METODOLOGIAS DE AVALIAÇÃO E MENSURAÇÃO DE RESULTADOS

Uma parte essencial da aplicação prática do DCU é a mensuração dos resultados e o refinamento constante do sistema. As metodologias de avaliação adotadas em projetos centrados no usuário incluem:

- Testes de usabilidade: Medem a facilidade com que os usuários executam tarefas específicas. Estudos qualitativos e quantitativos permitem identificar gargalos e oportunidades de melhoria.

Métricas como o tempo de conclusão, taxa de sucesso e número de erros são monitoradas de forma sistemática (Nielsen, 1993);

- Entrevistas e grupos focais: Coletam *feedback* detalhado sobre a experiência dos usuários, possibilitando uma análise profunda dos pontos positivos e negativos da interface;
- Análise de métricas digitais: Utilizam-se ferramentas de análise (como Google Analytics, Hotjar e outros softwares de monitoramento) para mapear o comportamento dos usuários em tempo real. Esses dados ajudam a validar as hipóteses de design e a orientar decisões estratégicas;
- Testes A/B: Permitem comparar diferentes versões de um mesmo elemento ou funcionalidade, identificando qual abordagem gera melhores resultados em termos de engajamento e conversão.

A adoção de metodologias de avaliação robustas permite que os profissionais de DCU demonstrem, de forma quantitativa e qualitativa, os ganhos obtidos com a abordagem centrada no usuário. Essa mensuração é fundamental para justificar os investimentos em DCU e para promover a cultura de melhoria contínua nas organizações (Pressman, 2016).

2.4.4 DESAFIOS E LIÇÕES APRENDIDAS NA PRÁTICA PROFISSIONAL

Embora os benefícios do DCU sejam amplamente reconhecidos, sua aplicação na prática revela desafios que podem ser superados com estratégias adequadas:

- Gerenciamento de expectativas: Em muitos casos, há uma discrepância entre o que os usuários dizem desejar e o que realmente precisam. A equipe deve ser capaz de interpretar os dados de forma crítica e ajustar as soluções para atender a necessidades latentes;
- Equilíbrio entre inovação e usabilidade: Inovar na interface sem comprometer a usabilidade pode ser um desafio. Produtos que tentam incorporar inovações tecnológicas sem considerar

a familiaridade dos usuários frequentemente resultam em interfaces confusas e de baixa aceitação;

- Integração de *feedback* em ciclos curtos: Garantir que o *feedback* dos usuários seja incorporado de forma rápida e eficaz no ciclo de desenvolvimento exige processos bem definidos e uma comunicação eficaz entre as equipes. A agilidade na implementação de melhorias é crucial para manter a relevância do produto;
- Aspectos éticos e de privacidade: Coletar dados de usuários para testes e análises deve sempre respeitar as normas de privacidade e as legislações vigentes, como a LGPD no Brasil e o GDPR na União Europeia. As equipes devem adotar práticas transparentes e seguras para garantir que os dados dos usuários sejam protegidos durante todas as fases do projeto.

Cada um desses desafios oferece lições valiosas que, quando assimiladas, fortalecem a aplicação do DCU e contribuem para a criação de produtos cada vez mais alinhados às necessidades humanas.

2.4.5 O FUTURO DO DCU NA PRÁTICA PROFISSIONAL

A evolução dos contextos tecnológicos e sociais aponta para um futuro em que o DCU se tornará ainda mais imprescindível. Com o avanço de tecnologias emergentes como a inteligência artificial, realidade aumentada, realidade virtual e interfaces cérebro-computador, a complexidade das interações aumenta, e a centralidade do usuário torna-se ainda mais necessária para evitar a criação de sistemas alienantes e inacessíveis.

Além disso, a globalização e a crescente diversidade de perfis de usuários exigem que os projetos sejam flexíveis e adaptáveis. As equipes de DCU precisarão incorporar abordagens culturais, linguísticas e regionais de forma ainda mais integrada, garantindo que os produtos possam ser utilizados por uma população global sem sacrificar a eficácia ou a empatia na interação (Amershi *et al.*, 2019).

O contínuo investimento em pesquisa e desenvolvimento na área de usabilidade e experiência do usuário promete expandir o repertório de técnicas e métodos disponíveis, possibilitando a criação de sistemas que antecipem as necessidades dos usuários e se adaptem dinamicamente às suas preferências. Esse cenário propicia um ambiente fértil para a inovação, na qual o DCU se consolida como a pedra angular para o desenvolvimento de tecnologias que sejam verdadeiramente humanas.

CONSIDERAÇÕES FINAIS DO CAPÍTULO 2

Neste capítulo, exploramos o Design Centrado no Usuário (DCU) de forma abrangente, iniciando com os seus princípios fundamentais e avançando pelas etapas metodológicas que compõem o seu processo, os benefícios e desafios envolvidos e, por fim, sua aplicação prática em diferentes setores. A abordagem centrada no usuário não só aprimora a usabilidade e a satisfação, como também promove a inovação e a inclusão digital, elementos essenciais para o sucesso no competitivo mercado tecnológico atual.

A experiência prática descrita evidencia que, embora a implementação do DCU exija mudanças culturais e investimentos iniciais, os resultados obtidos — em termos de eficiência operacional, redução de custos e fidelização de usuários — comprovam que essa metodologia é imprescindível para o desenvolvimento de produtos interativos de alta qualidade.

CONCLUSÃO DO CAPÍTULO 2

O capítulo dedicado ao Design Centrado no Usuário evidenciou como essa abordagem se transformou em um diferencial crítico para o desenvolvimento de produtos interativos. Ao combinar fundamentos teóricos, métodos iterativos e exemplos práticos, observamos que o DCU não apenas melhora a experiência dos usuários, mas também otimiza processos, reduz custos e impulsiona a inovação. Com os desafios e tendências apontadas, o futuro do DCU se mostra promissor, reafirmando sua importância estratégica em um mundo cada vez mais digital e globalizado.

Questões – Capítulo 2: Design Centrado no Usuário (DCU)

1) O que é o Design Centrado no Usuário (DCU) e qual é sua principal diferença em relação ao modelo tradicional de design centrado na tecnologia?

2) Quais são os fundamentos históricos e filosóficos que sustentam o surgimento do DCU? Cite autores ou conceitos mencionados no capítulo.

3) O que estabelece a norma ISO 9241-210 em relação ao DCU? Liste os princípios fundamentais indicados pela norma.

4) Qual é o papel do usuário dentro do processo de DCU? Explique como a participação do usuário influencia as decisões de design.

5) O que significam os conceitos de design universal e design inclusivo no contexto do DCU? Dê exemplos de princípios aplicáveis.

6) Quais são as etapas do processo de DCU descritas no capítulo? Resuma cada fase brevemente.

7) Quais benefícios e desafios práticos são mencionados na aplicação do DCU em projetos reais? Inclua aspectos como eficiência, custos, cultura organizacional e fidelização.

8) Como o DCU se conecta à inovação e à inclusão digital no mercado tecnológico atual? Explique com base nas tendências apresentadas no capítulo.

9) Por que o futuro do DCU é considerado promissor diante de tecnologias emergentes como IA, RA/RV e interfaces cérebro-computador? Comente a necessidade de adaptação frente à complexidade crescente.

10) Como a globalização e a diversidade cultural impactam o trabalho das equipes de DCU? Fale sobre a importância de abordagens flexíveis e adaptáveis.

CAPÍTULO 3 – REQUISITOS DE IHC E LEVANTAMENTO DE DADOS

3.1 TIPOS DE REQUISITOS: FUNCIONAIS E NÃO FUNCIONAIS

O sucesso de um sistema interativo começa com a correta definição de seus **requisitos**. No contexto da Interação Humano-Computador (IHC), os requisitos não se limitam apenas às funcionalidades do sistema, mas envolvem **aspectos qualitativos da interação**, como usabilidade, acessibilidade, desempenho e satisfação do usuário.

Os requisitos são, portanto, as **especificações formais e informais que definem o que o sistema deve fazer e como ele deve se comportar**. Uma definição clara e bem estruturada dos requisitos é a base sobre a qual se constrói toda a arquitetura de interação com o usuário.

3.1.1 REQUISITOS FUNCIONAIS

Os **requisitos funcionais** descrevem **o que o sistema deve fazer**, ou seja, suas funcionalidades e seus comportamentos esperados frente a determinadas ações do usuário ou eventos externos.

Segundo Sommerville (2011), requisitos funcionais são declarações de **serviços prestados pelo sistema**, incluindo:

- Entradas que o sistema deve aceitar;
- Saídas que o sistema deve produzir;
- Regras de processamento;
- Reações a comandos do usuário;
- Interações com outros sistemas.

Exemplos de requisitos funcionais:

- O sistema deve permitir que o usuário faça login com e-mail e senha;
- O sistema deve emitir uma notificação sonora ao receber uma nova mensagem;
- O usuário deve poder editar seu perfil de forma intuitiva.

No contexto da IHC, os requisitos funcionais devem **antecipar os comportamentos esperados da interface**, como fluxos de navegação, ações disponíveis em cada tela e reações aos comandos do usuário (Garrett, 2011).

3.1.2 REQUISITOS NÃO FUNCIONAIS

Os **requisitos não funcionais** são aqueles que não dizem respeito diretamente às funções do sistema, mas sim às qualidades que o sistema deve apresentar. Isso inclui:

- Usabilidade;
- Acessibilidade;
- Eficiência;
- Confiabilidade;
- Escalabilidade;
- Segurança;
- Portabilidade;
- Estética.

Segundo Pressman (2016), esses requisitos são **críticos no contexto da IHC**, pois definem a experiência de uso. Um sistema pode estar funcionalmente correto, mas falhar em sua aceitação pelo público se não for utilizável, acessível ou confiável.

Exemplos:

- O sistema deve estar acessível para usuários com deficiência visual, oferecendo suporte a leitores de tela;

- O tempo de resposta do sistema não deve exceder dois segundos em nenhuma das ações;
- A interface deve ser compatível com dispositivos móveis.

3.1.3 REQUISITOS DE INTERFACE

No domínio da IHC, existe ainda uma categoria de requisitos conhecida como **requisitos de interface**, que são uma interseção entre os requisitos funcionais e não funcionais. Eles especificam:

- *Layouts* e componentes da interface;
- Fluxos de interação;
- Regras de navegação;
- Tipos de controle (botões, sliders, campos);
- Comportamentos esperados em ações do usuário;
- *Feedback* visual, sonoro e tátil.

A especificação de requisitos de interface requer **proximidade com o usuário real**, pois suas preferências, necessidades e limitações impactam diretamente a escolha das soluções de interação (Nielsen, 1993).

3.1.4 A IMPORTÂNCIA DA CLAREZA E TESTABILIDADE

Independentemente da categoria, os requisitos devem ser:

- Claros: evitando ambiguidade ou subjetividade;
- Mensuráveis: com critérios objetivos de verificação;
- Rastreáveis: associados a funções, personas ou contextos específicos;
- Prioritários: com definição de importância ou urgência.

Requisitos mal definidos ou ambíguos são uma das principais causas de **fracasso em projetos de *software***, gerando expectativas não atendidas e retrabalho durante a implementação (Sommerville, 2011).

3.2 MÉTODOS DE COLETA DE DADOS

A coleta de dados é uma etapa fundamental no processo de levantamento de requisitos em IHC. Por meio de métodos qualitativos e quantitativos, é possível **identificar com precisão as necessidades dos usuários, os contextos de uso, os comportamentos reais e as expectativas quanto ao sistema**. A combinação de múltiplos métodos, conhecida como **triangulação**, é recomendada para garantir maior validade e confiabilidade dos dados obtidos (Dix *et al.*, 2004).

Os dados coletados, por sua vez, subsidiam a definição de requisitos funcionais, não funcionais e de interface, além de servirem como base para a criação de personas, cenários de uso, protótipos e testes.

3.2.1 CLASSIFICAÇÃO DOS MÉTODOS

Os métodos de coleta de dados podem ser classificados em diferentes categorias, conforme o **grau de estruturação**, **envolvimento do usuário**, **abordagem metodológica** e **tipo de dado coletado**.

a) Quanto à estrutura:

- Estruturados: com roteiro fixo e padronizado (ex.: questionários fechados);
- Semiestruturados: com roteiro flexível (ex.: entrevistas);
- Não estruturados: livres e exploratórios (ex.: observação etnográfica).

b) Quanto à natureza do dado:

- Quantitativos: números, métricas, estatísticas;
- Qualitativos: percepções, sentimentos, narrativas.

c) Quanto à abordagem:

- Diretos: o usuário é questionado ou participa ativamente;

- Indiretos: o comportamento do usuário é registrado sem intervenção.

d) Quanto à temporalidade:

- Sincrônicos: realizados em tempo real (ex.: entrevistas presenciais);
- Assíncronos: realizados em momentos diferentes (ex.: formulários *online*).

3.2.2 ENTREVISTAS

As **entrevistas** são um dos métodos mais usados na coleta de dados em IHC. Consistem em conversas com usuários reais ou potenciais, com o objetivo de compreender suas rotinas, objetivos, dificuldades e expectativas.

Podem ser:

- Individuais ou em grupo;
- Presenciais ou remotas;
- Estruturadas, semiestruturadas ou livres.

Vantagens:

- Permitem aprofundar temas e explorar contextos;
- Proporcionam dados ricos, detalhados e subjetivos;
- Favorecem o desenvolvimento de empatia com os usuários.

Desvantagens:

- Demandam tempo e preparo do entrevistador;
- Podem gerar viés de resposta ou distorção;
- Exigem transcrição e análise posterior cuidadosa.

Recomenda-se gravar as entrevistas (com consentimento) e utilizar métodos de análise qualitativa como **codificação aberta, análise de conteúdo ou análise temática** (Cooper *et al.*, 2014).

3.2.3 QUESTIONÁRIOS

Os **questionários** são instrumentos estruturados compostos por perguntas fechadas (escolha única ou múltipla), abertas ou mistas. São úteis para coletar dados de **um grande número de usuários**, especialmente em fases iniciais do projeto.

Quadro 3.1: Questionário para coleta de dados/Levantamento de Requisitos

Questão	Resposta
Qual é o principal objetivo?	☐ Melhorar a eficiência ☑ Entender as necessidades do usuário
Essencial mostrar quais eventos abrir?	
Perguntas abertas: 1. O que o sistema deve fazer?	
Perguntas abertas: 2. Quais são os requisitos atuais?	
Perguntas abertas: 3. Quais funcionalidades são prioritárias?	

Fonte: Elaborado pelo autor, 2025.

Podem ser aplicados:

- *Online* (Google Forms, SurveyMonkey, Typeform);
- Presencialmente (papel ou dispositivos móveis);
- Por e-mail, aplicativos ou redes sociais.

Vantagens:

- Rápida aplicação e tabulação;
- Comparabilidade dos dados;
- Facilidade de análise estatística.

Desvantagens:

- Baixa profundidade das respostas;
- Risco de interpretação equivocada das perguntas;
- Taxa de resposta pode ser baixa.

Devem ser usados com linguagem simples, objetiva e neutra, evitando perguntas tendenciosas. É possível incluir escalas (como Likert), perguntas de frequência, grau de satisfação etc. (Nielsen, 1993).

3.2.4 OBSERVAÇÃO

A **observação direta do comportamento do usuário** no contexto real de uso é uma técnica poderosa, pois permite identificar **práticas espontâneas**, **dificuldades não verbalizadas**, **estratégias de adaptação** e **problemas de usabilidade**.

Tipos:

- Observação participante: o pesquisador interage com o usuário,
- Observação não participante: o pesquisador apenas observa;
- *Shadowing*: seguir o usuário durante sua jornada;
- Etnografia digital: imersão prolongada no ambiente.

Ferramentas como vídeos, fotos, anotações em tempo real e protocolos de análise ajudam a registrar os dados.

Vantagens:

- Revela o que os usuários fazem (não só o que dizem);
- Permite analisar o contexto de forma ampla;
- Identifica situações críticas reais.

Desvantagens:

- Pode ser intrusiva ou alterar o comportamento natural;
- Requer tempo e preparo analítico.

A observação é especialmente útil em ambientes como hospitais, fábricas, *call centers*, escolas ou residências, onde os sistemas interativos são usados em condições reais e complexas (Salvendy, 2012).

3.2.5 ANÁLISE DE *LOGS* E MÉTRICAS DIGITAIS

Em sistemas já existentes, é possível coletar dados sobre o comportamento dos usuários a partir de **registros automáticos (*logs*)**. Essa abordagem é comum em *sites*, aplicativos e sistemas *web*.

Métricas comuns:

- Número de acessos e tempo de permanência;
- Cliques em elementos da interface;
- Fluxos de navegação;
- Taxa de conversão e abandono;
- Dados de uso por dispositivo, localização, perfil.

Ferramentas como **Google Analytics, Hotjar, Mixpanel e Matomo** permitem analisar essas informações em tempo real, auxiliando o levantamento de problemas e a priorização de melhorias.

Vantagens:

- Dados objetivos e em larga escala;
- Aplicável a qualquer sistema *online*;
- Permite acompanhamento contínuo.

Desvantagens:

- Não explica os "porquês" do comportamento;
- Exige cuidado com privacidade e ética no uso dos dados.

3.2.6 TÉCNICAS COMPLEMENTARES

Outros métodos também são utilizados no levantamento de dados para IHC:

- Diários de uso: usuários anotam suas experiências ao longo do tempo;
- *Workshops* de cocriação: usuários participam da geração de ideias;

- Análise de tarefas: descrição passo a passo das ações do usuário;
- Mapas de empatia: visualização dos sentimentos, pensamentos e dores do usuário;
- *Card sorting*: organização de conteúdos por categorias;
- *Eye tracking*: rastreamento ocular em tempo real.

A escolha dos métodos deve considerar o objetivo do projeto, o perfil dos usuários, os recursos disponíveis e o tempo de execução (Shneiderman *et al.*, 2016).

3.3 ENTREVISTAS, QUESTIONÁRIOS E OBSERVAÇÕES

As técnicas de **entrevistas, questionários e observações** são amplamente utilizadas em projetos de Interação Humano-Computador para levantar dados empíricos que subsidiem a definição de requisitos. Embora distintas em abordagem e profundidade, essas técnicas podem (e devem) ser **combinadas estrategicamente** conforme o estágio do projeto, os objetivos da investigação e o perfil do público-alvo.

Esta seção detalha como aplicar cada uma dessas técnicas, com recomendações práticas, exemplos e orientações metodológicas.

3.3.1 ENTREVISTAS

a) Planejamento

O planejamento de entrevistas deve considerar:

- Objetivos claros: O que se deseja aprender?
- Perfil do participante: Representa o público-alvo?
- Tipo de entrevista: Estruturada, semiestruturada ou livre?
- Roteiro: Tópicos, perguntas-chave e espaço para aprofundamento;
- Logística: Local, horário, gravação (com consentimento), tempo.

Recomenda-se começar com **perguntas abertas e neutras**, criando um clima de confiança. O entrevistador deve ter postura acolhedora e escuta ativa, evitando interrupções ou julgamentos.

b) Exemplos de perguntas úteis

- Conte-me sobre uma situação em que você usou um sistema parecido.
- Quais dificuldades você costuma encontrar ao realizar essa tarefa?
- O que mais te frustra em sistemas como este?
- O que você gostaria que fosse diferente?
- Como é seu ambiente de trabalho no dia a dia?

Essas perguntas ajudam a **explorar o contexto de uso**, **identificar dores do usuário** e **levantar sugestões espontâneas**, fundamentais para o design centrado no usuário.

c) Análise das entrevistas

Após a coleta, recomenda-se:

- Transcrição dos áudios;
- Codificação dos dados em temas ou categorias;
- Identificação de padrões, divergências e *insights*;
- Organização em mapas mentais, matrizes ou narrativas.

A análise pode seguir técnicas como **Grounded Theory**, **Análise Temática** ou **Análise de Conteúdo** (Mayring, 2000). Os resultados orientam a criação de personas, requisitos, fluxos e cenários.

3.3.2 QUESTIONÁRIOS

a) Elaboração do questionário

O questionário deve ser **claro, direto e coerente com o objetivo da pesquisa**. Alguns cuidados importantes:

- Utilizar linguagem acessível ao público-alvo;
- Evitar termos técnicos, jargões ou ambiguidade;
- Combinar perguntas fechadas com escalas (ex.: Likert) e perguntas abertas;
- Testar previamente o instrumento (pré-teste).

Exemplos de escalas:

- Grau de satisfação (1 = muito insatisfeito / 5 = muito satisfeito);
- Frequência (Nunca / Raramente / Às vezes / Frequentemente / Sempre);
- Acordo (Discordo totalmente / Discordo / Neutro / Concordo / Concordo totalmente).

b) Exemplos de perguntas

- Com que frequência você utiliza sistemas semelhantes?
- Em qual dispositivo você prefere usar esse tipo de aplicação?
- Você já teve dificuldade para completar uma tarefa em sistemas como esse? Explique.
- Quais funcionalidades são mais importantes para você?
- O que mais te agrada em um sistema interativo?

c) Aplicação e análise

Os questionários podem ser distribuídos presencialmente ou por meio de:

- Plataformas *online* (Google Forms, Typeform, SurveyMonkey);
- Redes sociais, e-mail, QR code, aplicativos.

A análise pode ser:

- Estatística descritiva: médias, desvios padrão, proporções;
- Estatística inferencial: correlações, comparações entre grupos;
- Análise de conteúdo (para perguntas abertas).

Os resultados ajudam a **validar hipóteses, quantificar preferências** e **priorizar requisitos** com base em dados reais.

3.3.3 OBSERVAÇÕES

a) Tipos de observação

- Naturalista: o usuário é observado em seu ambiente natural sem intervenção;
- Controlada: o usuário realiza tarefas predefinidas sob observação;
- Participante: o observador interage com o ambiente ou o usuário;
- Não participante: o observador é um agente externo, não interfere.

b) O que observar?

- Ações do usuário (cliques, gestos, navegação);
- Reações (expressões faciais, hesitações, frustrações);
- Ambiente (distrações, interrupções, limitações físicas);
- Sequência de tarefas (fluxo real x fluxo esperado);
- Problemas enfrentados e soluções improvisadas.

c) Registro e análise

A observação pode ser registrada por:

- Notas de campo;
- Fotos e vídeos (com consentimento);
- Diários reflexivos;
- Mapas de calor ou rastreamento ocular (*eye tracking*).

A análise busca **compreender o comportamento em profundidade**, muitas vezes revelando problemas que os próprios usuários não verbalizam.

d) Exemplo prático

Em um estudo com enfermeiros em uma UTI, a observação revelou que **as interfaces dos prontuários eletrônicos exigiam múltiplos cliques e navegação em abas distintas**, o que aumentava o tempo de preenchimento e causava erros. Esses problemas não haviam sido relatados em entrevistas ou questionários, mas foram observados na prática e serviram de base para a reformulação da interface.

3.3.4 CONSIDERAÇÕES ÉTICAS

A coleta de dados com usuários deve sempre:

- Respeitar o consentimento informado;
- Garantir anonimato e confidencialidade;
- Obedecer a legislações vigentes (ex.: LGPD no Brasil);
- Evitar causar desconforto, constrangimento ou riscos aos participantes.

Todo instrumento de coleta deve passar por **revisão ética institucional**, quando aplicável, especialmente em pesquisas acadêmicas ou com populações vulneráveis.

3.4 ANÁLISE DE REQUISITOS PARA INTERFACES

Após a coleta de dados com usuários por meio de entrevistas, questionários, observações e outros métodos, é necessário realizar um processo sistemático de **análise e interpretação desses dados**, de modo a **transformá-los em requisitos de projeto** que orientarão o desenvolvimento de interfaces centradas no usuário.

A **análise de requisitos** no contexto da IHC não se restringe à engenharia tradicional de *software*, mas abrange aspectos cognitivos, afetivos, sensoriais e contextuais da interação humana com sistemas computacionais. Nesta seção, exploramos os passos, técnicas e ferramentas para realizar essa análise de forma eficaz e centrada nas pessoas.

3.4.1 ETAPAS DA ANÁLISE DE REQUISITOS

O processo de análise pode ser dividido em etapas complementares:

1. **Organização dos dados coletados**

- Agrupamento por tema, persona, jornada ou tarefa;
- Transcrição e codificação (no caso de dados qualitativos);
- Categorização por tipo de requisito (funcional, não funcional, de interface).

2. **Extração de *insights***

- Identificação de padrões e recorrências;
- Registro de "pontos de dor" (*pain points*);
- Análise de inconsistências ou contradições.

3. **Modelagem dos requisitos**

- Redação clara e objetiva;
- Relacionamento com personas e cenários;
- Representação visual (mapas mentais, fluxos, quadros).

4. **Priorização**

- Definição de importância, urgência, viabilidade;
- Classificação em "essenciais", "desejáveis" e "complementares";
- Uso de matrizes de valor (ex.: Matriz de Esforço x Impacto).

5. **Validação**

- Revisão com *stakeholders* e usuários;
- Verificação de completude, consistência e rastreabilidade.

3.4.2 FERRAMENTAS E ARTEFATOS DA ANÁLISE

A análise de requisitos pode se beneficiar de diversas ferramentas e artefatos visuais que facilitam a compreensão e a comunicação entre os membros da equipe de projeto:

a) Personas

Personas são representações fictícias de usuários-tipo baseadas em dados reais. Servem para **manter o foco no usuário durante todas as fases do projeto** e guiar decisões de design.

Exemplo:

Nome: Maria, 42 anos
Profissão: Enfermeira de UTI
Objetivo: Registrar prontuários rapidamente entre atendimentos
Frustrações: Interface confusa, excesso de cliques, erros de digitação

As personas devem ser criadas com base em dados coletados, e não em estereótipos.

b) Cenários de uso

Descrevem situações hipotéticas (mas realistas) em que o usuário interage com o sistema. Facilitam a **exploração de requisitos em contextos concretos**.

Exemplo:

"Maria precisa registrar rapidamente a evolução do paciente enquanto se desloca entre leitos. Ela utiliza um *tablet* compartilhado e frequentemente é interrompida por chamadas de emergência."

Os cenários ajudam a identificar **momentos críticos**, **ambientes de uso** e **dificuldades operacionais**.

c) Mapas de jornada do usuário

Visualizam toda a experiência do usuário com o sistema, desde o primeiro contato até a finalização de tarefas. Incluem etapas, ações, emoções, pontos de contato e problemas.

Esse tipo de mapeamento permite **alinhar os requisitos às etapas da jornada** e priorizar melhorias nos momentos mais críticos.

d) Casos de uso

Tradicionalmente utilizados na engenharia de *software*, os **casos de uso** descrevem as interações entre atores (usuários) e o sistema. Em IHC, podem ser adaptados para incluir:

- Interfaces envolvidas;
- Ações do usuário e do sistema;
- Restrições de contexto;
- *Feedback* esperado.

e) Histórias de usuário

Muito utilizadas em metodologias ágeis (*Scrum*, XP), as ***user stories*** são sentenças simples que expressam a necessidade de um usuário, seu objetivo e a justificativa.

Formato:

"Como [persona], eu quero [funcionalidade] para [benefício esperado]"

Exemplo:
"Como enfermeira de UTI, eu quero acessar rapidamente os registros dos pacientes para não perder tempo entre os atendimentos."

As *user stories* ajudam na **priorização de funcionalidades** com base na experiência do usuário.

3.4.3 TRANSFORMANDO DADOS EM REQUISITOS

Para transformar dados empíricos em requisitos, é essencial:

- Escutar ativamente os usuários;
- Interpretar comportamentos, não apenas palavras;
- Equilibrar demandas com possibilidades técnicas;
- Articular as necessidades humanas com os objetivos do projeto.

A análise não deve ser apenas descritiva, mas **reflexiva e criativa**, propondo soluções que antecipem dificuldades, otimizem fluxos e ampliem a eficácia da interação.

Exemplo de transformação:

Dado observado: "Usuários esquecem onde está a função de imprimir."

***Insight*:** Falta de visibilidade e hierarquia na interface.

Requisito de interface: A função de impressão deve estar sempre visível no menu principal, com ícone universal (impressora) e rótulo textual.

3.4.4 CRITÉRIOS PARA REQUISITOS DE QUALIDADE

Um bom requisito de IHC deve ser:

- Relevante: baseado em dados reais e necessidades significativas;
- Clareza: linguagem objetiva e livre de ambiguidade;
- Viável: possível de ser implementado com os recursos disponíveis;
- Mensurável: com critérios objetivos de aceitação;
- Rastreável: ligado a um dado, persona ou cenário específico.

Evite requisitos vagos como "o sistema deve ser intuitivo" ou "a interface deve ser bonita". Prefira expressões como:

- "O sistema deve permitir completar a tarefa X em no máximo três cliques";
- "A interface deve conter contraste mínimo de 4.5:1 entre texto e fundo, conforme WCAG".

3.4.5 VALIDAÇÃO COM USUÁRIOS

Antes de finalizar a etapa de requisitos, é importante validá-los com os próprios usuários, por meio de:

- Sessões de validação participativa;
- *Workshops* de revisão com *stakeholders*;

- Prototipação rápida de requisitos críticos.
- Verificação de cobertura das expectativas e das tarefas reais

A validação não é apenas técnica, mas **social e ética**, garantindo que os sistemas sejam coerentes com os valores, necessidades e experiências das pessoas que o utilizarão.

CONSIDERAÇÕES FINAIS DO CAPÍTULO 3

Este capítulo abordou os fundamentos e práticas do **levantamento e análise de requisitos na Interação Humano-Computador**, destacando a importância de alinhar os sistemas às necessidades reais dos usuários. Vimos que a definição de requisitos vai muito além das funções técnicas: trata-se de compreender os contextos, as dores, os objetivos e as motivações humanas que estão por trás da interação com os sistemas.

A abordagem centrada no usuário exige que o processo de levantamento de requisitos seja **participativo, iterativo e orientado por dados reais**. Ao integrar técnicas como entrevistas, observações e questionários com ferramentas de modelagem como personas, jornadas e histórias de usuário, os projetistas constroem interfaces mais significativas, acessíveis e eficazes.

Questões – Capítulo 3: Requisitos de IHC e Levantamento de Dados

1) O que são requisitos funcionais e não funcionais no contexto da Interação Humano-Computador?
2) Explique com exemplos práticos.
3) Por que é importante considerar não apenas funções técnicas, mas também aspectos qualitativos como usabilidade e acessibilidade ao definir requisitos de IHC?
4) Quais métodos podem ser usados para coletar dados reais dos usuários durante o levantamento de requisitos?

5) Qual é a importância de transformar dados empíricos em requisitos claros e objetivos?
6) Dê um exemplo de como um dado observado pode gerar um requisito.
7) Quais são os critérios de qualidade para requisitos de IHC descritos no capítulo?
8) Liste e explique cada um.
9) Por que a validação com os usuários é considerada uma etapa essencial antes de finalizar os requisitos?
10) Quais são as formas recomendadas para fazer essa validação?
11) Como ferramentas como personas, jornadas do usuário e histórias de usuário contribuem para um levantamento de requisitos mais eficaz?
12) Qual é a diferença entre requisitos vagos e requisitos bem definidos?
13) Forneça exemplos retirados do capítulo.
14) De que maneira os requisitos bem elaborados podem otimizar fluxos e ampliar a eficácia da interação no sistema final?
15) Segundo o capítulo, por que o processo de levantamento de requisitos é considerado não apenas técnico, mas também social e ético?

CAPÍTULO 4 – MODELAGEM DO USUÁRIO E PERSONAS

4.1 PERFIS DE USUÁRIO

A compreensão dos **usuários reais** é o ponto de partida para qualquer projeto de design centrado no usuário. Nesse contexto, a modelagem de perfis de usuários permite que a equipe de projeto visualize quem são as pessoas que irão interagir com o sistema, quais são suas características, necessidades, motivações e limitações. Essa prática é essencial para orientar decisões que tornem as interfaces **mais eficazes, acessíveis e empáticas**.

Além disso, a identificação dos perfis de usuário é parte integrante do processo de **levantamento de requisitos** e **design de interação**, sendo frequentemente articulada com a criação de **personas**, **cenários de uso** e **jornadas do usuário** (Cooper *et al.*, 2014).

4.1.1 DEFINIÇÃO DE PERFIL DE USUÁRIO

Um **perfil de usuário** é uma **representação genérica de um grupo de usuários** com características similares. Ele descreve padrões comuns de comportamento, necessidades, objetivos, preferências tecnológicas, conhecimento prévio, contexto de uso e até aspectos emocionais ou culturais relevantes para a interação com o sistema.

Figura 4.1: Perfil de Usuário

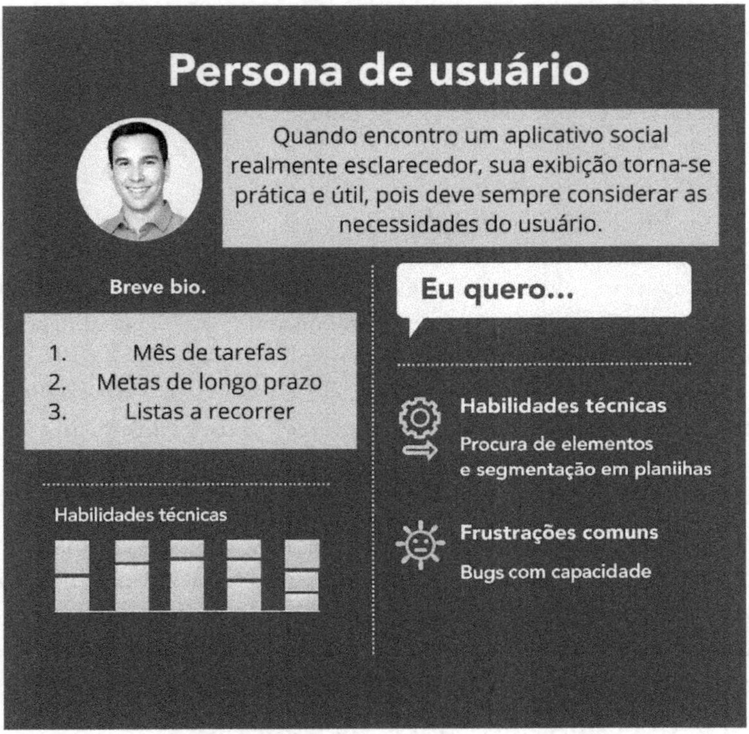

Fonte: Elaborado pelo autor, 2025.

Diferentemente da persona (mais detalhada e individualizada), o perfil é **mais amplo e descritivo**, e serve como ponto de partida para entender as categorias de usuários envolvidos.

Segundo Preece, Rogers e Sharp (2013), a definição de perfis de usuário permite:

- Compreender a diversidade da base de usuários;
- Identificar necessidades contrastantes;
- Adaptar funcionalidades e interfaces;
- Priorizar requisitos com base na relevância do perfil.

4.1.2 DIMENSÕES PARA DEFINIÇÃO DE PERFIS

Os perfis de usuário podem ser definidos com base em diversas **dimensões**, que variam de acordo com o tipo de sistema, público-alvo e contexto de uso. Entre as mais comuns estão:

- Demográficas: idade, gênero, escolaridade, ocupação;
- Tecnológicas: familiaridade com computadores, dispositivos usados, frequência de uso;
- Cognitivas: memória, atenção, percepção, tomada de decisão;
- Comportamentais: padrões de uso, hábitos, preferências;
- Motivacionais: objetivos, expectativas, atitudes frente à tecnologia;
- Contextuais: ambiente de uso (trabalho, casa, rua), tempo disponível, restrições físicas.

A combinação dessas dimensões fornece uma visão holística dos usuários, permitindo **antecipar barreiras e oportunidades de design**.

4.1.3 EXEMPLOS DE PERFIS DE USUÁRIO

A seguir, alguns exemplos ilustrativos de perfis genéricos que podem surgir em diferentes projetos:

a) Sistema educacional *online*

- Estudante universitário autônomo: 22 anos, alta familiaridade digital, utiliza notebook e *smartphone*, estuda à noite, valoriza agilidade e organização;
- Professor tradicional: 56 anos, resistência a novas tecnologias, utiliza o computador apenas no trabalho, prefere manuais impressos, valoriza clareza e estabilidade;
- Aluno de EAD com baixa conectividade: 30 anos, trabalha em tempo integral, usa celular com internet móvel, precisa de acesso offline e simplicidade.

b) Aplicativo de saúde

- Paciente idoso: 74 anos, baixa alfabetização digital, usa celular com ajuda da família, precisa de letras grandes e navegação simples;
- Profissional de enfermagem: 35 anos, ambiente hospitalar agitado, usa tablet compartilhado, precisa de rapidez e *feedback* imediato;
- Gestor clínico: 48 anos, utiliza relatórios para tomada de decisão, valoriza dashboards visuais e exportação de dados.

4.1.4 FONTES DE DADOS PARA CRIAÇÃO DE PERFIS

Os perfis devem ser construídos com base em **dados reais**, coletados por meio de:

- Entrevistas;
- Questionários;
- Observações em campo;
- Análise de sistemas existentes;
- Grupos focais;
- Análise de *stakeholders*;
- Estudos de mercado.

A modelagem baseada em dados garante que os perfis representem **usuários reais e não estereótipos**, o que é essencial para a credibilidade e eficácia do projeto.

4.1.5 RELAÇÃO ENTRE PERFIS E DESIGN DE INTERFACE

Cada perfil de usuário traz consigo **requisitos específicos**, que impactam diretamente nas decisões de:

- Navegação;
- Linguagem textual e visual;

- Disposição de elementos;
- Modalidades de interação (voz, toque, digitação);
- Tipografia, cores e contrastes;
- Ajuda contextual e *feedback*.

Por exemplo, um sistema voltado para **crianças** demandará elementos visuais lúdicos, interação direta, animações e instruções simples. Já um sistema para **engenheiros de dados** pode priorizar desempenho, automação e visualizações técnicas.

4.2 CRIAÇÃO DE PERSONAS

A técnica de criação de **personas** é uma das práticas mais eficazes no processo de design centrado no usuário. Trata-se da **construção de personagens fictícios, mas realistas**, que representam grupos de usuários com características semelhantes, baseando-se em dados concretos coletados durante as fases iniciais do projeto.

Ademais, as personas **ajudam a humanizar o público-alvo**, orientam decisões de design e comunicação, além de manter o foco contínuo no usuário durante todo o ciclo de desenvolvimento do sistema.

4.2.1 CONCEITO E FINALIDADE DAS PERSONAS

Segundo Cooper *et al.* (2014), uma persona é "uma representação detalhada de um tipo de usuário, baseada em uma combinação de dados reais e interpretação criativa". As personas não são usuários reais, mas sim **modelos arquetípicos baseados em padrões comportamentais identificados na pesquisa com usuários.**

A criação de personas tem como objetivos principais:

- Focar no usuário real, evitando generalizações ou estereótipos;
- Guiar o processo de design, ajudando a decidir quais funcionalidades priorizar, como organizar a interface e que linguagem utilizar;

- Unificar a visão da equipe, criando um referencial comum de quem é o usuário;
- Estabelecer empatia, aproximando os desenvolvedores, designers e *stakeholders* da experiência do usuário.

Norman (2004) ressalta que o uso de personas ajuda a **evitar decisões baseadas em suposições ou preferências pessoais da equipe técnica**, aproximando o produto da realidade de quem irá usá-lo.

4.2.2 ETAPAS PARA A CRIAÇÃO DE PERSONAS

A criação de personas deve seguir um processo sistemático, baseado em dados concretos e orientado por objetivos claros. A seguir, apresentamos um roteiro com as etapas principais:

a) Coleta de dados

Antes de criar personas, é necessário realizar uma **pesquisa com usuários reais**, utilizando métodos como:

- Entrevistas semiestruturadas
- Questionários
- Observações
- Grupos focais
- Análise de dados secundários

A qualidade das personas depende da **riqueza dos dados coletados**. Quanto mais variados forem os perfis entrevistados, mais representativa será a construção das personas.

b) Identificação de padrões

Após a coleta de dados, realiza-se uma **análise qualitativa e/ou quantitativa**, com foco em:

- Padrões de comportamento;
- Necessidades e objetivos comuns;
- Frustrações recorrentes;

- Contextos semelhantes de uso;
- Perfil demográfico e motivacional.

As personas devem emergir desses padrões, agrupando usuários com **semelhanças significativas.**

c) Construção da narrativa da persona

A persona deve ser descrita de forma rica, com dados objetivos e elementos narrativos que tornem sua representação **verossímil e empática.** Os elementos mais comuns são:

- Nome fictício;
- Foto simbólica (opcional);
- Idade, profissão, localização;
- Habilidades tecnológicas;
- Objetivos e necessidades;
- Frustrações e obstáculos;
- Contexto de uso do sistema;
- Citações ou falas representativas ("Eu fico perdido quando...", "Eu adoraria se...").

Exemplo de persona:

Nome: Carlos Andrade

Idade: 37 anos

Profissão: Técnico em logística

Contexto: Utiliza aplicativos no celular durante o expediente em armazéns. Tem dificuldade com interfaces confusas e odeia preencher formulários longos.

Objetivo: Finalizar rapidamente tarefas operacionais e registrar ocorrências de transporte.

Frustração: "Às vezes, perco tempo procurando a função certa, e isso atrasa meu trabalho."

d) Tipos de personas

- Primárias: representam o principal grupo de usuários do sistema. É a prioridade no design;
- Secundárias: possuem necessidades específicas, mas não dominam o processo;
- Negativas (ou antiperfil): representam usuários para os quais o sistema não é adequado. Ajudam a delimitar escopo;
- Serviço ou *buyer* personas: utilizadas em projetos de marketing, voltadas à jornada de compra. Menos comuns na IHC, mas podem ser complementares.

4.2.3 BOAS PRÁTICAS NA CRIAÇÃO DE PERSONAS

- Basear as personas em dados reais, não em achismos;
- Criar um número reduzido (de 3 a 5), evitando fragmentação excessiva;
- Tornar as personas visuais, com fichas, cartazes ou painéis;
- Dar nome e identidade às personas para facilitar o engajamento da equipe;
- Utilizar as personas em todas as fases do projeto: levantamento de requisitos, prototipação, testes de usabilidade, comunicação com *stakeholders*.

Segundo Garrett (2011), uma boa persona deve ser **crível, específica, focada e relevante** para as decisões de design. Ela deve provocar empatia e tornar o usuário "presente" na equipe, mesmo que fisicamente ausente.

4.2.4 FERRAMENTAS PARA CRIAÇÃO DE PERSONAS

Existem diversas ferramentas que facilitam a criação visual e o compartilhamento de personas:

- Xtensio – plataforma *online* com templates personalizáveis;
- Canvanizer – modelagem visual colaborativa;
- Miro – quadros brancos interativos para equipes;
- Figma / Adobe XD – design gráfico e prototipação com plugins de personas;
- Templates em Google Docs ou PowerPoint – para construção rápida e padronizada.

Além disso, *softwares* de gerenciamento de produto, como Jira, Trello e Notion, permitem incluir personas nos painéis de projeto, garantindo que estejam sempre visíveis durante o desenvolvimento.

4.3 CENÁRIOS DE USO

Os **cenários de uso** são narrativas descritivas que ilustram como um usuário interage com um sistema para alcançar um objetivo específico em um determinado contexto. São ferramentas fundamentais na abordagem de design centrado no usuário, pois ajudam a **visualizar situações reais de uso, compreender o fluxo de interação** e **antecipar obstáculos** no processo.

Enquanto as personas representam **quem** são os usuários, os cenários representam **como** esses usuários interagem com o sistema em situações concretas. Juntos, personas e cenários formam a base para decisões de design mais empáticas, eficientes e coerentes com a realidade do usuário (Cooper *et al.*, 2014).

4.3.1 OBJETIVOS DOS CENÁRIOS DE USO

Os cenários de uso ajudam a:

- Compreender o contexto de uso de maneira narrativa;
- Antecipar problemas de usabilidade e de fluxo;
- Visualizar as etapas da interação;
- Estabelecer prioridades de funcionalidades;

- Validar requisitos com base em situações reais;
- Guiar testes de usabilidade e prototipagem.

Segundo Preece, Rogers e Sharp (2013), os cenários estimulam a empatia e permitem que a equipe de projeto **veja o sistema pelos olhos do usuário**, não apenas por sua perspectiva técnica.

4.3.2 ESTRUTURA DE UM CENÁRIO

Um cenário bem construído deve conter:

- Persona envolvida: qual usuário está sendo representado;
- Objetivo da persona: o que ela deseja alcançar;
- Contexto de uso: onde, quando e com que recursos a interação ocorre;
- Fluxo de interação: etapas que a persona percorre para alcançar o objetivo;
- Obstáculos, erros e frustrações: dificuldades encontradas no processo;
- Resultados esperados: o desfecho da interação, positivo ou negativo.

A linguagem deve ser **simples, narrativa e centrada na experiência do usuário**. Evita-se jargões técnicos e prioriza-se a descrição do que o usuário **vê, pensa, sente e faz**.

4.3.3 EXEMPLO DE CENÁRIO DE USO

Persona: Júlia, 26 anos, estudante universitária

Objetivo: Acessar o histórico de notas no sistema acadêmico

Contexto: Em casa, à noite, usando o celular com conexão instável

Cenário: Júlia chega em casa depois do estágio e decide verificar suas notas do semestre. Ela acessa o site da universidade pelo celular, mas a página principal demora a carregar. Após alguns segundos, encontra o menu, mas o item "Histórico Escolar" está dentro de um submenu pouco intuitivo. Júlia precisa voltar duas vezes até encontrar o caminho certo. Ao acessar a página de notas, a formatação está desorganizada no celular e ela tem dificuldade para encontrar a disciplina desejada. Frustrada, decide tentar pelo notebook no dia seguinte.

Resultado: Júlia não consegue concluir sua tarefa de forma eficiente, evidenciando problemas de usabilidade e design responsivo.

4.3.4 TIPOS DE CENÁRIOS

a) Cenários atuais (as-is)

Descrevem como os usuários **interagem atualmente** com o sistema ou com soluções alternativas. São úteis para:

- Diagnosticar problemas reais;
- Analisar a experiência atual;
- Identificar oportunidades de melhoria.

b) Cenários futuros (to-be)

Descrevem como se espera que o sistema funcione no futuro, após intervenções de design. Servem para:

- Esboçar novas soluções;
- Avaliar ideias com usuários;
- Planejar implementações.

c) Cenários de exceção

Retratam **situações imprevistas ou críticas**, como falhas no sistema, erros do usuário ou restrições ambientais. Esses cenários são importantes para garantir a **resiliência, tolerância a erros e confiabilidade da interface** (Norman, 1988).

4.3.5 TÉCNICAS DE CONSTRUÇÃO DE CENÁRIOS

Algumas técnicas que auxiliam na criação e validação de cenários:

- Jornada do usuário (*User Journey Mapping*): representação visual de etapas, emoções e pontos de contato;
- *Storyboard*: narrativa visual com ilustrações ou fotos representando a interação;
- Casos de uso estendidos: adaptação da técnica de engenharia de *software* para o foco narrativo e contextual;
- Mapas mentais: estruturação de eventos, ações e sentimentos associados à interação.

Essas técnicas ajudam a equipe a **visualizar os caminhos do usuário**, pensar em alternativas e criar sistemas que respeitem as dinâmicas reais da interação.

4.3.6 APLICAÇÃO DOS CENÁRIOS AO DESIGN

Os cenários são especialmente úteis nas seguintes etapas:

- Levantamento de requisitos: traduzem as necessidades do usuário em ações e objetivos;
- Prototipagem: guiam os fluxos de tela, menus e componentes;
- Avaliação de usabilidade: servem de base para tarefas em testes com usuários;
- Justificativa de design: ajudam a explicar decisões tomadas com base em situações reais.

Segundo Garrett (2011), o poder dos cenários está em **contextualizar o design**, transformando a experiência abstrata do usuário em uma narrativa tangível que pode ser explorada, testada e melhorada.

4.4 APLICAÇÃO PRÁTICA DE PERSONAS

Criar personas bem fundamentadas é apenas o primeiro passo. O verdadeiro valor dessa técnica está na **aplicação prática ao longo de**

todas as fases do projeto de IHC, desde a concepção até a avaliação pós-implementação. Personas devem ser **referências vivas e constantes** no processo de design, evitando que o foco se perca em suposições ou decisões puramente técnicas.

Nesta seção, exploramos como aplicar personas em contextos reais de projeto, com exemplos, boas práticas e estratégias para garantir sua efetividade como ferramenta de comunicação e tomada de decisão.

4.4.1 INCORPORANDO PERSONAS NO FLUXO DE DESIGN

Personas podem (e devem) ser integradas às principais etapas do ciclo de desenvolvimento de sistemas interativos:

a) Levantamento de requisitos

- Validar necessidades levantadas: "Esse requisito atende à persona X?";
- Priorização de funcionalidades: "Qual funcionalidade resolve uma dor real da persona?".

b) Arquitetura da informação

- Definir estruturas e fluxos com base nas habilidades e objetivos das personas;
- Criar hierarquias de conteúdo adequadas ao perfil cognitivo do usuário.

c) Prototipação e *wireframes*

- Usar personas para guiar decisões sobre rótulos, menus, botões e caminhos de navegação;
- Escolher a linguagem, os ícones e o *layout* conforme o repertório do usuário-alvo.

d) Testes de usabilidade

- Criar tarefas realistas com base nos cenários ligados às personas;

- Recrutar participantes semelhantes aos perfis das personas;
- Avaliar se o sistema atende às expectativas e resolve as dores descritas nas fichas.

e) Comunicação com *stakeholders*

- Apresentar personas em reuniões para justificar escolhas de design;
- Estimular empatia entre tomadores de decisão e os usuários reais.

4.4.2 EXEMPLOS DE USO PRÁTICO

Exemplo 1: Aplicativo de transporte urbano

Persona: Roberta, 29 anos, professora que usa transporte público diariamente

Aplicação: Na fase de design, a equipe priorizou a exibição do tempo de chegada do ônibus, pois Roberta sente insegurança com atrasos. No teste de usabilidade, a tarefa foi: "Você está saindo de casa e quer saber se o próximo ônibus chega a tempo de dar aula. O que você faz?"

Exemplo 2: Plataforma de ensino a distância

Persona: Antônio, 57 anos, professor com baixa familiaridade tecnológica

Aplicação: O sistema incluiu tutoriais em vídeo e suporte por WhatsApp. Evitou-se linguagem técnica nos menus. Testes com usuários similares verificaram a clareza das instruções e o tempo necessário para criar uma aula.

4.4.3 PERSONAS EM EQUIPES ÁGEIS

Mesmo em projetos com metodologias ágeis (como *Scrum*), as personas podem ser integradas por meio de:

- *User stories* vinculadas à persona: "Como [persona], eu quero [ação] para [benefício].";
- Definição de critérios de aceitação baseados em necessidades da persona;

- Painéis visuais com fichas das personas nos ambientes de trabalho (virtuais ou físicos);
- Debates e sprints centrados nas personas, como *Persona-focused sprint review.*

Esse uso contínuo mantém as personas **presentes na cultura do time** e reduz decisões baseadas em achismos.

4.4.4 ATUALIZAÇÃO E MANUTENÇÃO DE PERSONAS

Personas não são estáticas. Elas devem ser:

- Revisadas periodicamente com base em novos dados;
- Adaptadas à medida que o sistema evolui ou muda de público;
- Complementadas com novos perfis ou cenários conforme o projeto se expande.

Além disso, pode ser necessário **regionalizar** personas ou criar variações culturais, linguísticas ou comportamentais para sistemas internacionais ou multiculturais (Marcus, 2001).

4.4.5 LIMITAÇÕES E CUIDADOS NO USO DE PERSONAS

Apesar dos benefícios, o uso de personas requer alguns cuidados:

- Não substituem a pesquisa com usuários reais: são representações, não dados em si;
- Devem ser baseadas em evidências, não em estereótipos ou idealizações;
- Podem ser mal interpretadas se forem vagas ou genéricas demais;
- Precisam ser usadas ativamente, e não apenas documentadas e arquivadas.

Norman (2004) destaca que personas devem **representar a complexidade dos usuários**, não simplificá-los excessivamente. Elas são uma ferramenta de empatia, não de padronização forçada.

CONSIDERAÇÕES FINAIS DO CAPÍTULO 4

A modelagem de usuários por meio de **perfis, personas e cenários** é uma prática fundamental para alinhar os sistemas computacionais às necessidades reais das pessoas. A criação cuidadosa e o uso constante dessas ferramentas ajudam a manter o design centrado no usuário ao longo de todo o processo de desenvolvimento.

Vale destacar que personas eficazes são aquelas **baseadas em dados reais, integradas nas decisões cotidianas e atualizadas conforme o projeto evolui**. Elas promovem empatia, clareza, foco e priorização, além de fortalecer a comunicação entre as equipes e os *stakeholders*.

Dessa forma, a aplicação prática de personas não é apenas um recurso metodológico, mas um **compromisso ético e estratégico com a experiência humana** em sistemas interativos.

Questões – Capítulo 4: Modelagem do Usuário e Personas

1) O que é um perfil de usuário e qual é sua função no processo de design?
2) Qual é a diferença entre perfis de usuário e personas?
3) Por que personas são importantes no design centrado no usuário?
4) Como são criadas personas eficazes, segundo o capítulo?
5) Quais são os benefícios de usar personas em equipes ágeis?
6) Por que é importante atualizar e revisar personas ao longo do projeto?
7) Quais cuidados devem ser tomados no uso de personas?
8) Como as personas ajudam a reduzir decisões baseadas em achismos?
9) Por que a aplicação prática de personas é considerada um compromisso ético no design?
10) Como personas contribuem para a comunicação entre equipes e *stakeholders*?

CAPÍTULO 5 – DESIGN DE INTERAÇÃO E ARQUITETURA DA INFORMAÇÃO

5.1 CONCEITOS DE DESIGN DE INTERAÇÃO

O **Design de Interação** (*Interaction Design* – IxD) é uma disciplina central dentro da Interação Humano-Computador. Ele trata da **criação de comportamentos e respostas entre usuários e sistemas**, buscando tornar essas interações **eficazes, agradáveis, compreensíveis e significativas**. Seu foco está não apenas na estética da interface, mas na **forma como as ações são realizadas e respondidas**, o que envolve fluxos, *feedback*, mapeamentos, estados e mudanças ao longo do tempo.

Segundo Preece, Rogers e Sharp (2015), o design de interação "é o processo de conceber produtos que possibilitem que os usuários realizem suas tarefas de maneira eficiente e agradável". Assim, vai além do *layout* visual, englobando toda a **dinâmica da comunicação entre humanos e tecnologia**.

5.1.1 OBJETIVOS DO DESIGN DE INTERAÇÃO

O design de interação busca atingir cinco objetivos principais:

1. **Eficiência**: minimizar o tempo e esforço necessário para completar uma tarefa;
2. **Eficácia**: garantir que o usuário alcance seus objetivos corretamente;
3. **Segurança**: prevenir erros, perdas de dados ou ações irreversíveis;
4. **Utilidade**: oferecer funcionalidades úteis e relevantes;

5. **Satisfação**: proporcionar uma experiência positiva, agradável e confiável.

Esses objetivos devem ser sempre analisados sob o ponto de vista do **usuário final**. Um sistema pode ser tecnicamente funcional, mas falhar completamente em sua interação se não atender às necessidades cognitivas, emocionais e contextuais das pessoas (Norman, 2004).

5.1.2 COMPONENTES DO DESIGN DE INTERAÇÃO

Segundo o modelo proposto por Gillian Crampton Smith (2007), o design de interação é composto por cinco dimensões:

1. **Palavras** - os termos usados em rótulos, botões, instruções e mensagens. Devem ser claros, concisos e compreensíveis;
2. **Representações visuais** - ícones, tipografias, cores, formas e imagens. Devem comunicar significados, estados e ações;
3. **Espaço físico ou virtual** - o *layout* da interface, a disposição dos elementos, os limites e a navegação;
4. **Tempo** - animações, transições, resposta do sistema e mudanças de estado. O tempo afeta a percepção de fluidez e *feedback*;
5. **Comportamento** - como o sistema responde às ações do usuário. Inclui *feedback*, reversibilidade, consistência e previsibilidade.

Outros autores propõem ainda uma sexta dimensão: **emoção**, que considera as reações afetivas e subjetivas do usuário durante a interação (Garrett, 2011).

5.1.3 PRINCÍPIOS FUNDAMENTAIS

A seguir, alguns princípios clássicos orientam o design de interação eficaz:

a) Visibilidade

O usuário deve sempre saber **o que pode fazer** e **o que está acontecendo**. Funções escondidas, estados invisíveis ou mudanças sutis prejudicam a percepção e causam erros.

Figura 5.1: Botão de Salvar

Fonte: Elaborado pelo autor, 2025.

Exemplo: um botão "Salvar" que muda de cor ao ser clicado, mas não apresenta mensagem de confirmação, gera incerteza sobre a conclusão da ação.

b) *Feedback*

O sistema deve responder imediatamente a todas as ações do usuário, indicando o que foi feito e qual é o estado atual.

Exemplo: carregar um arquivo deve mostrar uma barra de progresso, e ao finalizar, exibir uma confirmação visual ou sonora.

c) Mapeamento

Refere-se à correspondência natural entre **controles e efeitos**. Um bom mapeamento reduz a carga cognitiva e evita confusão.

Exemplo: deslizar para cima aumenta o volume; deslizar para baixo diminui.

d) Consistência

Elementos que possuem funções semelhantes devem ter **formas, cores e comportamentos similares**. A consistência pode ser interna (no mesmo sistema) ou externa (com outras interfaces familiares ao usuário).

Exemplo: botões de confirmação com ícones de *check* ou rótulos como "OK" ajudam na familiarização.

e) Prevenção de erros

O sistema deve minimizar a possibilidade de erros e oferecer formas de correção (*undo*, alertas, validação de campos).

Exemplo: antes de excluir permanentemente um item, perguntar "Você tem certeza?" e oferecer opção de desfazer.

5.1.4 MODELOS MENTAIS E *AFFORDANCES*

O design de interação deve considerar os **modelos mentais** dos usuários — suas expectativas sobre como algo deve funcionar com base em experiências anteriores.

Nesse sentido, Norman (1988) introduz o conceito de ***affordances***: propriedades percebidas de um objeto que indicam como ele pode ser usado. Exemplo: uma maçaneta horizontal sugere empurrar; uma vertical sugere puxar.

No contexto digital, *affordances* visuais (ícones de lixeira, botão com relevo, links sublinhados) ajudam o usuário a **inferir a função de um elemento**, sem precisar de instruções formais.

5.2 PADRÕES DE INTERAÇÃO

Os **padrões de interação** são soluções recorrentes e comprovadas para problemas comuns de design de interfaces. Funcionam como **modelos reutilizáveis** que promovem **consistência, eficiência e previsibilidade** na experiência do usuário. Assim como padrões arquitetônicos orientam a construção de edifícios, os padrões de interação orientam o design de interfaces digitais.

A aplicação de padrões permite que os usuários **reconheçam comportamentos e funcionalidades**, reduzindo o tempo de aprendizado e o risco de erros. Além disso, facilita o trabalho da equipe de desenvolvimento, pois oferece **soluções testadas e documentadas** (Tidwell, 2011).

5.2.1 CONCEITO E ORIGEM DOS PADRÕES

O conceito de padrões de design foi originalmente proposto por Christopher Alexander (1977) na arquitetura, e posteriormente adaptado para a computação por autores como Jenifer Tidwell (2005), Martijn van Welie e outros.

Um padrão é composto por:

- Nome: título que o identifica;
- Problema: situação recorrente que o padrão resolve;
- Contexto: quando e onde aplicar;
- Solução: estrutura recomendada;
- Exemplos: aplicações reais ou protótipos.

Os padrões de interação não devem ser aplicados mecanicamente, mas adaptados ao contexto e às características dos usuários (Garrett, 2011).

5.2.2 EXEMPLOS DE PADRÕES COMUNS

A seguir, listamos alguns dos padrões de interação mais amplamente utilizados:

a) *Modal window* (janela modal)

Problema: o usuário precisa realizar uma ação sem sair da página atual.

Solução: exibir uma janela sobreposta à interface principal, bloqueando o fundo até que a ação seja concluída ou cancelada.

Exemplo: confirmação de exclusão, login rápido, visualização de imagem.

b) *Breadcrumb* (trilha de navegação)

Problema: o usuário precisa saber onde está em uma estrutura hierárquica.

Solução: apresentar uma trilha com os níveis de navegação, permitindo retornar facilmente a etapas anteriores.

Exemplo: "Início > Produtos > Eletrônicos > Telefones".

c) *Autocomplete* (autocompletar)

Problema: digitação de termos longos ou suscetíveis a erro.

Solução: sugerir opções conforme o usuário digita, reduzindo esforço e erros.

Exemplo: busca por nomes em uma caixa de texto.

d) *Accordion*

Problema: exibir grande volume de informação sem poluir a interface.

Solução: utilizar seções expansíveis/colapsáveis para organizar conteúdo.

Exemplo: FAQ com perguntas e respostas ocultas por padrão.

e) *Infinite scroll* (rolagem infinita)

Problema: apresentar listas longas sem interrupção.

Solução: carregar novos itens automaticamente à medida que o usuário rola a tela.

Exemplo: *feed* de redes sociais.

5.2.3 BIBLIOTECAS E CATÁLOGOS DE PADRÕES

Existem diversas bibliotecas que documentam padrões de design de interação:

- *Designing Interfaces* (Jenifer Tidwell): livro e repositório com centenas de padrões organizados por categoria;
- UI *Patterns* (ui-patterns.com): comunidade colaborativa com exemplos práticos;
- Welie.com: mantido por Martijn van Welie, com foco em usabilidade;
- *Material Design* (Google): guia de padrões visuais e interativos para interfaces Android e web;
- *Human Interface Guidelines* (Apple): padrões de interação para ecossistemas iOS e macOS.
- *Fluent Design System* (Microsoft): para aplicações Windows e Office.

Esses repositórios auxiliam profissionais a tomar decisões informadas e acelerar processos de design com base em boas práticas consolidadas.

5.2.4 VANTAGENS DO USO DE PADRÕES

- Redução do tempo de desenvolvimento: soluções já testadas podem ser adaptadas rapidamente;
- Melhoria da usabilidade: os usuários reconhecem padrões e interagem com mais confiança;
- Consistência entre telas e seções: reforça a identidade visual e funcional do sistema;
- Padronização entre plataformas: ajuda na construção de experiências coerentes em diferentes dispositivos.

"A consistência não significa repetição mecânica, mas a repetição inteligente de soluções familiares" (Norman, 2004).

5.2.5 CUIDADOS E LIMITAÇÕES

Apesar das vantagens, o uso de padrões exige **critérios e adaptação ao contexto**. Problemas podem surgir quando:

- O padrão é aplicado fora do contexto adequado;
- O padrão entra em conflito com as expectativas do público-alvo;
- Há excesso de padrões misturados, gerando confusão;
- O padrão ignora acessibilidade ou diversidade de usuários.

Assim, o padrão deve **servir ao usuário**, e não o contrário. A decisão de usar um padrão deve ser sempre **justificada por dados de uso, testes e pesquisas com usuários reais** (Shneiderman *et al.*, 2016).

5.3 ARQUITETURA DA INFORMAÇÃO

A **Arquitetura da Informação (AI)** é o processo de organizar, estruturar e rotular informações de forma eficaz e sustentável para facilitar a **navegação, a busca e a compreensão** dos conteúdos em interfaces digitais. Seu objetivo é **criar ambientes informacionais que façam sentido para os usuários**, permitindo que encontrem rapidamente o que precisam e compreendam onde estão.

Segundo Rosenfeld, Morville e Arango (2015), a arquitetura da informação lida com: "A estrutura geral de um site, aplicativo ou sistema digital: como a informação está organizada, como ela pode ser encontrada e como as pessoas a compreendem."

Trata-se de uma disciplina interdisciplinar, que une princípios da biblioteconomia, ciência da computação, design, psicologia cognitiva e usabilidade.

5.3.1 ELEMENTOS DA ARQUITETURA DA INFORMAÇÃO

Rosenfeld e Morville identificam **quatro componentes centrais** da AI:

1. **Organização**
   Como os conteúdos são agrupados e estruturados. Ex.: por temas, público, tipo de conteúdo, frequência de uso.
2. **Rotulagem**
   Como os itens são nomeados. Ex.: "Meus Documentos", "Favoritos", "Histórico".

3. **Navegação**
   Como os usuários se movem pelos conteúdos. Ex.: menus, *breadcrumbs*, links contextuais.

4. **Busca**
   Como os usuários localizam informações específicas. Ex.: barras de pesquisa, filtros, *autocomplete*.

Esses componentes trabalham juntos para facilitar a **localização, compreensão e uso da informação** em interfaces digitais.

5.3.2 MODELOS DE ORGANIZAÇÃO

A forma como o conteúdo é estruturado impacta diretamente na **navegabilidade e eficiência cognitiva** do sistema. Os modelos mais comuns incluem:

a) Hierárquico

Organiza as informações em níveis de importância. É o modelo mais usado em sites institucionais e aplicativos com múltiplas funções.

Exemplo: Início > Produtos > Eletrodomésticos > Refrigeradores

b) Sequencial

Conteúdos são acessados em uma ordem predefinida, ideal para processos com etapas.

Exemplo: *checkout* de *e-commerce* (carrinho > dados pessoais > pagamento > confirmação)

c) Matricial (ou por tags)

Permite múltiplos caminhos e categorias cruzadas, favorecendo flexibilidade.

Exemplo: plataforma de streaming com filtros por gênero, ano, popularidade.

d) Híbrido

Combina diferentes estruturas, adaptando-se à complexidade do conteúdo.

Exemplo: um *site* educacional pode ter estrutura hierárquica para cursos e matricial para acesso a conteúdos por disciplina, autor ou tema.

5.3.3 PRINCÍPIOS DA ARQUITETURA DA INFORMAÇÃO

De acordo com Morville e Rosenfeld (2015), os princípios da AI incluem:

- Objetividade: o conteúdo deve ser compreensível mesmo para usuários iniciantes;
- Consistência: elementos similares devem seguir padrões de nomenclatura e disposição;
- Contexto: a organização deve refletir o modelo mental do usuário, não o da equipe técnica;
- Flexibilidade: a estrutura deve permitir expansão futura sem comprometer a coerência;
- Acessibilidade: o conteúdo deve estar disponível a todos, inclusive pessoas com deficiência;
- Recuperabilidade: os usuários devem poder encontrar qualquer informação com facilidade.

5.3.4 MÉTODOS E FERRAMENTAS DE AI

A prática da arquitetura da informação se apoia em diversas técnicas:

a) *Card sorting*

Técnica de organização de conteúdos com participação de usuários, que agrupam e nomeiam categorias.

- Aberto: usuários definem os nomes das categorias;
- Fechado: categorias são pré-definidas, e os usuários organizam os itens nelas.

Ferramentas: Optimal Workshop, Proven by Users, Miro.

b) Teste de árvore (*tree testing*)

Avalia se os usuários conseguem encontrar informações em uma estrutura proposta, sem o auxílio visual da interface.

- Exemplo: "Onde você procuraria as configurações de privacidade?".

c) Mapas de site (*sitemaps*)

Trata-se de representações gráficas da estrutura da informação Mostram a hierarquia de páginas ou seções.

- Utilizados para planejamento, alinhamento com *stakeholders* e desenvolvimento.

d) *Wireframes* estruturais

São protótipos de baixa fidelidade que evidenciam a disposição e hierarquia dos elementos, sem foco visual.

5.3.5 ARQUITETURA DA INFORMAÇÃO E EXPERIÊNCIA DO USUÁRIO

Uma arquitetura bem planejada **reduz a frustração**, melhora a **eficiência da navegação**, e aumenta a **confiança do usuário no sistema**. Ela é invisível quando funciona bem — o usuário encontra o que procura sem perceber a complexidade envolvida. "Usuários não navegam por prazer. Eles querem encontrar o que precisam e seguir com suas vidas." (Krug, 2014)

Falhas na arquitetura da informação geralmente resultam em:

- Altas taxas de abandono;
- Dificuldade para completar tarefas;
- Percepção de lentidão ou confusão;
- Aumento no suporte técnico.

5.4 DESIGN DE NAVEGAÇÃO

O **design de navegação** refere-se à maneira como os usuários se deslocam entre conteúdos, páginas ou funcionalidades dentro de um sistema interativo. Uma navegação bem projetada é essencial para proporcionar **fluidez, controle, previsibilidade e orientação** ao usuário.

Segundo Krug (2014), "navegar em um site deveria ser como andar em uma cidade que você já conhece – mesmo que nunca tenha estado lá antes." Isso significa que os sistemas devem **oferecer pistas visuais e comportamentais constantes**, tornando a exploração natural e segura.

5.4.1 OBJETIVOS DO DESIGN DE NAVEGAÇÃO

Um sistema de navegação eficaz deve permitir que o usuário:

- Saiba onde está no sistema (localização);
- Saiba para onde pode ir (opções disponíveis);
- Saiba de onde veio (histórico de navegação);
- Consiga voltar ou cancelar ações;
- Encontre o que procura com rapidez.

Para isso, são utilizados **menus, botões, *links*, *breadcrumbs*, barras laterais, ícones e outros elementos**, que devem ser projetados com base em princípios de usabilidade, acessibilidade e coerência.

5.4.2 TIPOS DE NAVEGAÇÃO

a) Navegação global

Presente em todas as páginas do sistema, geralmente localizada no topo ou em barras laterais. Apresenta os principais acessos do sistema.

Exemplo: menu fixo com "Início", "Serviços", "Contato", "Entrar"

b) Navegação local

Relaciona-se ao conteúdo de uma página ou seção específica. Permite acessar itens irmãos dentro de uma mesma hierarquia.

Exemplo: em "Serviços", um submenu com "Consultoria", "Suporte Técnico", "Treinamento"

c) Navegação contextual

Está relacionada diretamente ao conteúdo visualizado e varia dinamicamente. São links, botões ou sugestões de ação baseadas no contexto

Exemplo: "Veja também", "Produtos relacionados", "Voltar à categoria"

d) Navegação por busca

Permite ao usuário digitar termos e localizar diretamente o que procura. Deve incluir:

- Sugestões automáticas;
- Correção ortográfica;
- Filtros e refinamentos.

e) Navegação hierárquica

Organiza conteúdos em níveis (pai-filho). Requer *breadcrumbs*, títulos claros e retornos visíveis.

Exemplo: "Conta > Preferências > Notificações"

5.4.3 PADRÕES DE NAVEGAÇÃO

a) Menu hambúrguer

Ícone com três linhas horizontais, utilizado principalmente em dispositivos móveis. Economiza espaço, mas pode reduzir a visibilidade.

Prós: limpo, familiar, fácil de implementar
Contras: esconde opções, reduz descobribilidade

b) Navegação em abas

Permite alternar entre seções sem recarregar a página. Deve ser usada com moderação e indicar claramente o estado ativo.

c) *Breadcrumb* (trilha de navegação)

Indica a hierarquia de páginas visitadas. Ajuda na orientação e permite retorno fácil a níveis anteriores.

d) Rodapés com links

Complementam a navegação, oferecendo atalhos para páginas institucionais, políticas, FAQs, contatos etc.

e) *Scrollspy*

Destaque automático na navegação lateral conforme o usuário percorre a página.

5.4.4 BOAS PRÁTICAS DE NAVEGAÇÃO

- Consistência: manter menus, posições e comportamentos iguais em todo o sistema;
- Visibilidade: tornar as opções acessíveis e legíveis;
- *Feedback*: destacar itens ativos, hover states, cliques;
- Hierarquia clara: organizar menus por relevância, frequência ou lógica de uso;
- Tolerância a erros: permitir voltar facilmente ou cancelar ações;
- Testes com usuários: validar fluxos, encontrar gargalos e otimizar trajetos.

Segundo Shneiderman *et al.* (2016), uma navegação bem projetada **reduz o tempo de aprendizagem, melhora o desempenho do usuário e aumenta a satisfação com o sistema**.

5.4.5 NAVEGAÇÃO E ACESSIBILIDADE

A navegação deve contemplar usuários com deficiência, seguindo critérios como:

- Teclabilidade: navegar com teclado sem mouse;
- Marcação semântica (uso de <nav>, <ul>, ARIA roles);

- Contraste adequado entre fundo e texto;
- Tamanho suficiente de alvos de clique (mínimo 44x44px);
- *Feedback* sonoro para leitores de tela.

As WCAG 2.1 (*Web Content Accessibility Guidelines*) trazem recomendações detalhadas para garantir que sistemas sejam inclusivos.

CONSIDERAÇÕES FINAIS DO CAPÍTULO 5

Neste capítulo, abordamos os principais conceitos do **design de interação e da arquitetura da informação**, duas áreas fundamentais para o sucesso de sistemas interativos. O design de interação visa tornar as ações do usuário mais naturais, eficientes e gratificantes, enquanto a arquitetura da informação organiza os conteúdos de modo que façam sentido e estejam disponíveis quando e onde o usuário precisar.

Vimos que o uso de **padrões de interação** e estratégias eficazes de **navegação** contribuem para experiências mais intuitivas, consistentes e acessíveis. Ao compreender os modelos mentais dos usuários, aplicar *affordances* adequadas e organizar a informação com lógica e empatia, é possível criar sistemas realmente centrados nas pessoas.

A união entre forma, função e compreensão torna-se possível quando o design é conduzido com propósito, método e escuta ativa.

Questões – Capítulo 5: Design de Interação e Arquitetura da Informação

1) O que é design de interação (*Interaction Design* - IxD) e quais são seus principais objetivos?
2) Qual a diferença entre design de interação e arquitetura da informação?
3) Quais são os cinco objetivos centrais do design de interação descritos no capítulo?
4) Como a arquitetura da informação organiza os conteúdos em um sistema interativo?

5) Quais são os principais padrões de navegação apresentados no capítulo?
6) Como a navegação por busca deve ser estruturada para melhorar a experiência do usuário?
7) Quais são os benefícios e desafios do uso de menus hambúrguer em interfaces móveis?
8) Como garantir acessibilidade na navegação segundo as diretrizes WCAG 2.1?
9) Por que a consistência e a hierarquia clara são importantes para a navegação?
10) Como os testes com usuários contribuem para melhorar os fluxos e trajetos dentro de um sistema interativo?

CAPÍTULO 6 – USABILIDADE: CONCEITOS E MÉTRICAS

6.1 DEFINIÇÕES DE USABILIDADE

A usabilidade, enquanto conceito central da Interação Humano-Computador (IHC), pode ser compreendida como o grau com que um sistema pode ser utilizado por usuários específicos para alcançar objetivos definidos com eficácia, eficiência e satisfação em um contexto de uso particular (ISO 9241-11:2018). O termo ganhou destaque a partir das contribuições de Jakob Nielsen (1993), que propôs cinco atributos essenciais: facilidade de aprendizado, eficiência de uso, memorização, baixa taxa de erros e satisfação subjetiva. Esses aspectos compõem uma estrutura fundamental para o design e avaliação de sistemas interativos.

Vale destacar que a relevância da usabilidade vai além da facilidade de uso. Ela envolve a compreensão profunda das necessidades, capacidades e limitações dos usuários, buscando adaptar a interface para tornar a interação mais fluida, natural e produtiva. Donald Norman (2002), ao abordar o design centrado no ser humano, destaca que a usabilidade não deve ser apenas um atributo técnico, mas um compromisso ético com a experiência do usuário.

Além dos autores clássicos, a norma ISO/IEC 25010 (2011), que define o modelo de qualidade de produto de *software*, também destaca a usabilidade como uma característica essencial de qualidade, subdividida em aspectos como compreensibilidade, aprendibilidade, operabilidade, atratividade e proteção contra erro do usuário. Isso demonstra o reconhecimento institucional do papel crítico que a usabilidade exerce no sucesso de sistemas interativos.

6.2 DIMENSÕES DA USABILIDADE

A compreensão das dimensões da usabilidade permite que designers e avaliadores analisem e aprimorem a experiência do usuário de forma mais sistemática. Nielsen (1993) identifica as seguintes dimensões principais:

1. **Facilidade de Aprendizado (*Learnability*)**: Capacidade do sistema de permitir que novos usuários realizem tarefas básicas de forma rápida. Essa dimensão é crucial em sistemas que não contam com treinamentos prévios ou uso frequente;
2. **Eficiência de Uso (*Efficiency*)**: Relaciona-se ao tempo necessário para que usuários experientes realizem tarefas. Interfaces otimizadas devem reduzir o número de ações necessárias e permitir a execução fluida;
3. **Memorabilidade (*Memorability*)**: Refere-se à facilidade com que os usuários retomam o uso do sistema após um período de inatividade, sem a necessidade de reaprendizado;
4. **Prevenção e Tratamento de Erros (*Errors*)**: Envolve a capacidade do sistema de prevenir erros de uso e auxiliar na recuperação de falhas, com mensagens claras e suporte à correção;
5. **Satisfação Subjetiva (*Satisfaction*)**: Trata-se do grau de conforto e aceitação do sistema por parte dos usuários, fator essencial para o engajamento contínuo.

Essas dimensões podem ser complementadas por outras propostas por autores como Shneiderman e Plaisant (2010), que incluem a estética e a consistência da interface, e por abordagens cognitivas que avaliam a carga mental, como a NASA-TLX (*Task Load Index*).

6.3 AVALIAÇÃO DE USABILIDADE

A avaliação de usabilidade é uma atividade fundamental no ciclo de vida de sistemas interativos, sendo realizada em diferentes estágios do desenvolvimento e com distintos níveis de fidelidade. Ela pode ser dividida em dois grandes grupos: avaliação com usuários (empírica) e avaliação sem usuários (analítica).

6.3.1 AVALIAÇÕES EMPÍRICAS

As avaliações empíricas envolvem a observação direta da interação entre os usuários e o sistema. Entre os métodos mais utilizados estão:

- Testes de Usabilidade: Envolvem a aplicação de tarefas representativas a um grupo de usuários, enquanto observadores registram dificuldades, erros e tempos de execução. Segundo Rubin e Chisnell (2008), esses testes devem ser conduzidos com um número reduzido de usuários (5 a 8) para obter resultados representativos;
- Entrevistas e Questionários: Permitem coletar dados subjetivos sobre a percepção dos usuários em relação à interface. Ferramentas como o SUS (*System Usability Scale*) são amplamente utilizadas para quantificar a satisfação percebida (Brooke, 1996);
- *Eye Tracking*: Técnica que analisa o movimento ocular dos usuários para identificar padrões de atenção, facilitando a avaliação da clareza e hierarquia visual.

6.3.2 AVALIAÇÕES ANALÍTICAS

As avaliações analíticas são realizadas por especialistas, sem a participação direta de usuários. Entre os métodos destacam-se:

- Inspeção Heurística: Proposta por Nielsen e Molich (1990), consiste na verificação da interface com base em um conjunto de heurísticas de usabilidade, como "visibilidade do status do sistema" e "consistência e padrões";
- Análise Cognitiva de Tarefas: Técnica que descreve os passos cognitivos necessários para a execução de tarefas, identificando pontos críticos para a aprendizagem e execução;

- *Walkthrough* Cognitivo: Avaliação orientada à aprendizagem, em que especialistas simulam o uso do sistema para prever dificuldades enfrentadas por novos usuários (Wharton *et al.*, 1994).

Cada método possui vantagens e limitações. Avaliações empíricas fornecem dados reais de uso, mas são mais onerosas. Avaliações analíticas são mais econômicas e rápidas, mas dependem da expertise dos avaliadores.

6.4 FERRAMENTAS E MÉTRICAS APLICADAS

A mensuração da usabilidade requer a definição de métricas claras e objetivos de avaliação. Essas métricas podem ser quantitativas e qualitativas, e devem estar alinhadas às dimensões discutidas anteriormente. Entre as principais, destacam-se:

- Taxa de Sucesso: Percentual de tarefas concluídas com sucesso pelos usuários;
- Tempo de Execução: Tempo médio necessário para concluir cada tarefa;
- Número de Erros: Quantidade de erros cometidos durante a interação;
- Satisfação do Usuário: Coletada por escalas como o SUS, SUMI (*Software Usability Measurement Inventory*) ou através de entrevistas abertas.

Ferramentas computacionais têm sido desenvolvidas para apoiar a coleta e análise dessas métricas. Entre elas:

- Morae: *Software* para gravação e análise de testes de usabilidade, com captura de vídeo, áudio e interações;
- *Silverback*: Voltado para testes com dispositivos Apple, permite a análise qualitativa do comportamento do usuário;
- *UXtweak, Lookback, Hotjar*: Plataformas baseadas na web que combinam gravações de sessão, mapas de calor e questionários.

Além disso, técnicas de visualização de dados têm sido integradas a ferramentas de avaliação para facilitar a análise e apresentação de resultados. *Dashboards* interativos e relatórios automatizados têm tornado o processo de avaliação mais acessível e ágil.

O uso de métricas deve ser contextualizado. Sistemas críticos, como *softwares* médicos ou aeronáuticos, exigem métricas mais rigorosas, enquanto sistemas de entretenimento podem permitir maior flexibilidade, priorizando a satisfação.

Outro ponto relevante é o uso de abordagens orientadas a indicadores de qualidade. Segundo Bevan (2001), a usabilidade deve ser tratada como um atributo mensurável de qualidade, com indicadores predefinidos e metas claras.

As métricas também devem considerar aspectos culturais e contextuais. Estudos de Marcus (2006) demonstram que diferentes culturas podem interpretar elementos de interface de maneiras distintas, influenciando diretamente a percepção de usabilidade.

Assim, a avaliação e melhoria da usabilidade não é apenas uma tarefa técnica, mas um processo contínuo e colaborativo que requer envolvimento de usuários, designers, desenvolvedores e especialistas em IHC.

Questões – Capítulo 6: Usabilidade: Conceitos e Métricas

1) O que é usabilidade segundo a definição da ISO 9241-11:2018 e quais são seus principais componentes?
2) Quais são os cinco atributos essenciais de usabilidade segundo Jakob Nielsen?
3) Qual a diferença entre eficácia e eficiência no contexto da usabilidade?
4) O que significa memorabilidade e por que ela é importante em sistemas interativos?
5) Como a satisfação subjetiva do usuário pode ser medida e por que ela é relevante?

6) Quais são as métricas quantitativas e qualitativas usadas para avaliar a usabilidade?
7) Como os testes de usabilidade ajudam a identificar problemas em interfaces?
8) Qual é a importância de considerar aspectos culturais e contextuais na avaliação de usabilidade?
9) De que forma as normas ISO/IEC 25010 complementam o entendimento sobre qualidade e usabilidade de sistemas?
10) Por que a usabilidade é considerada não apenas uma questão técnica, mas também ética no design de sistemas?

CAPÍTULO 7 – PROTOTIPAÇÃO: FERRAMENTAS E NÍVEIS DE FIDELIDADE

7.1 TIPOS DE PROTÓTIPOS: BAIXA, MÉDIA E ALTA FIDELIDADE

A prototipação é uma das etapas mais importantes no processo de design de interfaces dentro da Interação Humano-Computador (IHC). Seu objetivo central é simular, de forma tangível ou digital, a experiência de uso de um sistema interativo antes que ele seja efetivamente implementado. Essa etapa permite testar conceitos, validar hipóteses e realizar ajustes iterativos com base no *feedback* dos usuários.

Historicamente, a prática da prototipação surgiu como uma necessidade natural nos processos de engenharia de *software* e design, em resposta à rigidez dos modelos de desenvolvimento em cascata. Com a popularização de metodologias ágeis e do design centrado no usuário, os protótipos ganharam status de ferramenta estratégica, capaz de reduzir riscos, economizar recursos e fomentar a inovação participativa.

Prototipar, nesse contexto, consiste em criar representações simplificadas de um sistema que simulem sua interação e estrutura visual. Essas representações variam em fidelidade, ou seja, no grau de semelhança com o produto final, sendo classificadas em baixa, média e alta fidelidade.

Protótipos de baixa fidelidade são os mais simples e geralmente feitos com papel, caneta, *post-its* ou ferramentas digitais que simulem elementos gráficos rudimentares. Seu objetivo principal é representar a estrutura geral da interface e os fluxos de navegação. São rápidos, baratos e fáceis de modificar, favorecendo a experimentação e a colaboração em equipe. Um exemplo clássico é o uso de *wireframes* esboçados à mão para definir a disposição dos elementos em uma tela.

Segundo Snyder (2003), esse tipo de protótipo é extremamente eficaz nas fases iniciais do projeto, pois facilita a exploração de múltiplas ideias sem apego à estética.

Protótipos de média fidelidade apresentam maior detalhamento visual e funcional, mas ainda não são interativos como o produto final. Costumam ser produzidos com ferramentas de *wireframe* ou prototipação digital como Balsamiq ou Moqups, permitindo uma visualização mais realista das telas e seus componentes. Embora não simulem animações sofisticadas ou comportamentos dinâmicos, são úteis para validar arquitetura de informação e fluxos de navegação mais complexos. Nesse estágio, já é possível aplicar avaliações heurísticas e realizar testes de usabilidade simples.

Protótipos de alta fidelidade, por sua vez, são os mais próximos da interface definitiva. Eles incluem elementos gráficos refinados, interações complexas, transições animadas e integração com dados reais ou simulados. São criados em ferramentas como Figma, Adobe XD, Sketch, Axure, entre outras, e muitas vezes incorporam recursos interativos que permitem simular com precisão a experiência de uso. Esse nível de fidelidade é ideal para testes finais de usabilidade, validação estética e comportamental, e para comunicação com *stakeholders* e equipes de desenvolvimento.

Cada nível de fidelidade tem sua aplicação adequada dependendo do estágio do projeto, dos recursos disponíveis e dos objetivos de avaliação. De acordo com Houde e Hill (1997), a escolha do tipo de protótipo deve considerar três dimensões principais: o papel (o que o protótipo faz), a aparência (como ele se parece) e a implementação (como ele funciona). Essa classificação reforça a ideia de que protótipos não são apenas representações estáticas, mas sim ferramentas funcionais para aprendizado e comunicação.

Além disso, é comum que os projetos passem por uma evolução natural de protótipos, partindo da baixa para a alta fidelidade. Essa progressão permite um ciclo de *feedback* contínuo, no qual os *insights* obtidos em cada estágio orientam a melhoria das versões subsequentes.

No contexto da IHC, é fundamental que os protótipos sejam utilizados não apenas como representações técnicas, mas como artefatos sociotécnicos que viabilizam o diálogo entre designers, usuários e desenvolvedores. A prototipação eficaz amplia a capacidade de escuta das equipes, promove a empatia e contribui para a criação de interfaces mais funcionais, acessíveis e significativas.

Portanto, dominar os diferentes tipos de protótipos e saber aplicá-los de forma estratégica é uma competência essencial para qualquer profissional da área de design de interação e desenvolvimento de sistemas centrados no usuário.

7.2 FERRAMENTAS DE PROTOTIPAÇÃO DIGITAL

Com a crescente complexidade dos sistemas interativos e a diversidade de plataformas (*web*, *mobile*, *desktop*, dispositivos vestíveis, realidade aumentada, entre outros), o uso de ferramentas digitais especializadas em prototipação tornou-se indispensável. Tais ferramentas permitem não apenas criar representações visuais da interface, mas também simular interações, testar fluxos e colaborar com equipes multidisciplinares.

As ferramentas de prototipação digital podem ser categorizadas de acordo com o seu nível de fidelidade, recursos de interatividade e capacidade de integração com outras etapas do processo de desenvolvimento. A seguir, apresentam-se algumas das ferramentas mais utilizadas na prática profissional:

Figma: Uma das ferramentas mais populares na atualidade, o Figma é uma plataforma baseada na nuvem que permite a criação colaborativa de protótipos de alta fidelidade. Sua interface intuitiva e os recursos de prototipagem interativa possibilitam a simulação de comportamentos reais de navegação. Destaca-se também por suas bibliotecas reutilizáveis de componentes, suporte a *plugins* e facilidade de compartilhamento com *stakeholders* e desenvolvedores.

Adobe XD: Desenvolvido pela Adobe, o XD é uma poderosa ferramenta para design e prototipação de interfaces. Suporta a criação de *wireframes*, *layouts* responsivos e protótipos interativos com animações sofisticadas. Sua integração com outras soluções da Adobe, como Photoshop e Illustrator, é um diferencial para designers que trabalham com branding e identidade visual.

Sketch: Focado em ambientes macOS, é amplamente utilizado para design de interfaces e criação de protótipos estáticos e interativos. Oferece suporte a símbolos reutilizáveis, plugins variados e integração com ferramentas de *handoff* como Zeplin e Abstract. Apesar de não ser nativamente colaborativo como o Figma, é muito valorizado por sua leveza e eficiência.

Axure RP: Diferentemente das ferramentas anteriores, o Axure é voltado para prototipação avançada com lógica condicional, variáveis e simulação de dados. Ideal para protótipos de sistemas complexos ou com múltiplos fluxos, ele permite a criação de experiências ricas que se aproximam bastante do comportamento final do sistema. É amplamente utilizado em projetos de grande porte e em contextos corporativos.

InVision: Muito utilizado para criar protótipos interativos a partir de imagens estáticas, o InVision é uma opção prática para testes de navegação e apresentações rápidas. Permite a coleta de *feedback* diretamente sobre os protótipos, o que facilita a comunicação com os *stakeholders*. Seu foco é a prototipação de média e alta fidelidade com uma abordagem centrada na colaboração.

Balsamiq: Focado em protótipos de baixa fidelidade, o Balsamiq simula o estilo de *wireframes* feitos à mão, incentivando a ideação e o brainstorming em fases iniciais do projeto. É ideal para representar conceitos e fluxos básicos, sem preocupação com o design final. Sua simplicidade é o que o torna tão eficaz no início dos projetos.

Marvel: Combina funcionalidades de design, prototipação e testes de usabilidade em uma única plataforma. É acessível para iniciantes e permite criar protótipos interativos com facilidade, além de realizar testes com usuários e capturar *insights* diretamente na ferramenta.

A escolha da ferramenta de prototipação depende de diversos fatores: a etapa do projeto, o público-alvo da apresentação, a complexidade da interface, os recursos disponíveis, a necessidade de colaboração em tempo real, entre outros. Em projetos ágeis, ferramentas com integração direta com sistemas de versionamento e repositórios de código são preferíveis, pois otimizam o fluxo de trabalho entre design e desenvolvimento.

Além disso, as ferramentas modernas têm incorporado funcionalidades de acessibilidade, testes automatizados, exportação para código (HTML/CSS) e integração com *frameworks* como React e Vue.js. Essa convergência entre design e desenvolvimento tem fortalecido o papel da prototipação como elo estratégico entre as etapas do ciclo de vida do produto.

O domínio dessas ferramentas é uma habilidade essencial para profissionais de IHC, UX e UI design, sendo frequentemente exigido em processos seletivos e projetos multidisciplinares.

7.3 VANTAGENS DA PROTOTIPAÇÃO ITERATIVA

A prototipação iterativa é uma prática essencial no desenvolvimento centrado no usuário, caracterizada pela criação sucessiva de versões de protótipos com o objetivo de melhorar continuamente a interface de um sistema. Essa abordagem baseia-se no princípio de que o design é um processo progressivo de aprendizado e refinamento, em que o conhecimento adquirido a partir da interação com usuários e *stakeholders* alimenta melhorias constantes no projeto.

Ao contrário de modelos lineares, a prototipação iterativa adota ciclos curtos de desenvolvimento e avaliação, permitindo que erros sejam detectados e corrigidos antes que se tornem dispendiosos ou impactem negativamente a experiência do usuário. Essa filosofia é compatível com metodologias ágeis, como o *Scrum* e o Lean UX, que promovem entregas frequentes e adaptação contínua ao *feedback*.

Entre as principais vantagens da prototipação iterativa, destacam-se:

1. Redução de riscos e custos: Ao identificar problemas de usabilidade nas fases iniciais do projeto, evita-se o retrabalho em etapas posteriores, quando as mudanças são mais caras e complexas. Estudos indicam que o custo de correção de erros aumenta exponencialmente à medida que o projeto avança (Pressman, 2011);

2. Aprendizado contínuo: Cada iteração oferece uma oportunidade de aprendizado sobre o comportamento, as expectativas e as dificuldades dos usuários. Esse conhecimento empírico é fundamental para alinhar o produto às necessidades reais do público-alvo;

3. **Engajamento dos *stakeholders*:** A apresentação de protótipos em evolução facilita o envolvimento de todos os participantes do projeto, promovendo uma cultura de colaboração e transparência. Os *stakeholders* conseguem visualizar o progresso e influenciar decisões com base em artefatos concretos;

4. **Melhoria da experiência do usuário:** Ao incorporar *feedback* iterativamente, o design evolui de forma mais precisa, refinando aspectos visuais, funcionais e emocionais da interface. Isso resulta em produtos mais intuitivos, agradáveis e eficazes;

5. **Flexibilidade e adaptação:** A prototipação iterativa permite testar múltiplas soluções e adaptar rapidamente o projeto diante de mudanças nos requisitos, no mercado ou nas preferências dos usuários;

6. **Validação precoce de ideias:** Por meio de testes com usuários em cada iteração, é possível validar conceitos e descartar hipóteses infundadas, evitando investimentos em funcionalidades desnecessárias ou mal direcionadas;

7. **Incentivo à inovação:** A liberdade de errar e aprender durante as iterações estimula a criatividade e o surgimento de soluções inovadoras. Equipes que adotam a prototipação iterativa tendem a experimentar mais e a desenvolver propostas ousadas com maior segurança.

A aplicação eficaz da prototipação iterativa exige planejamento, definição de objetivos claros para cada ciclo, escolha adequada de métodos de avaliação e organização de processos de documentação e comunicação. Ferramentas digitais como Figma, InVision e Axure facilitam esse processo ao oferecer versões de histórico, comentários colaborativos e integração com ferramentas de gestão de projetos.

Além disso, é importante ressaltar que a prototipação iterativa não se limita ao design visual, mas também pode ser aplicada a fluxos de navegação, conteúdo textual, microinterações, arquitetura da informação e até aspectos técnicos da implementação.

Por fim, a prototipação iterativa representa uma mudança de mentalidade no design de interfaces, afastando-se da ideia de perfeição inicial para adotar a lógica do progresso contínuo. Essa abordagem promove não apenas a melhoria da qualidade do produto, mas também o amadurecimento das equipes e a consolidação de uma cultura de design centrado no ser humano.

7.4 CASOS DE APLICAÇÃO

A aplicação prática da prototipação é um dos aspectos mais relevantes para consolidar seu valor no processo de desenvolvimento de sistemas (Maguire, 2001). Diversas organizações, equipes de design e instituições acadêmicas têm empregado a prototipação em seus fluxos de trabalho, utilizando-a para validar hipóteses, testar interfaces e engajar usuários finais no processo de construção de soluções interativas (Garrett, 2011). A seguir, apresentamos diferentes contextos e exemplos que ilustram a diversidade e a efetividade da prototipação.

Estudo de caso 1 – Prototipação em aplicativo de saúde (contexto hospitalar)

Em um projeto conduzido por uma equipe multidisciplinar de designers, engenheiros e médicos, foi desenvolvido um aplicativo de triagem para pronto-atendimento hospitalar. O processo iniciou com protótipos de baixa fidelidade em papel, usados para mapear o fluxo de entrada dos pacientes e as funcionalidades críticas. Esses protótipos permitiram que enfermeiros e recepcionistas participassem ativamente do design inicial (Snyder, 2003).

Após essa etapa, foram criados protótipos de média fidelidade com navegação básica, utilizando o *software* Balsamiq. A equipe realizou testes de usabilidade com profissionais da saúde, cujo *feedback* levou a ajustes importantes nas telas e terminologias. A versão final foi implementada em alta fidelidade com Figma e validada por *stakeholders*. Como resultado, o tempo de registro inicial dos pacientes foi reduzido em 35%, segundo métricas internas da instituição (Ferreira; Fortes, 2014).

Estudo de caso 2 – Protótipos no setor educacional (ensino remoto)

Durante a pandemia de COVID-19, uma universidade pública brasileira iniciou o redesenho de sua plataforma de ensino a distância.

O uso de protótipos foi essencial para testar novas formas de interação entre professores e alunos em ambiente digital. Foram realizados *workshops* com estudantes para levantar expectativas, seguidos da criação de *wireframes* em baixa fidelidade que representavam os novos *dashboards* e funcionalidades propostas (Rubin; Chisnell, 2008).

Ferramentas como Adobe XD e InVision permitiram simular aulas ao vivo, fóruns de discussão e envio de tarefas. Os testes realizados revelaram dificuldades na compreensão de ícones e na navegação por dispositivos móveis, o que levou a melhorias significativas. A versão final da plataforma foi elogiada por seu caráter intuitivo e inclusivo, impactando positivamente mais de 15 mil usuários ativos (Norman, 2008).

Estudo de caso 3 – Protótipos em e-commerce (experiência de compra)

Uma startup de moda utilizou prototipação para redesenhar seu processo de *checkout*, visando reduzir a taxa de abandono de carrinhos. Inicialmente, a equipe aplicou testes A/B entre diferentes versões de páginas prototipadas em média fidelidade. Ferramentas como Marvel e *Lookback* foram empregadas para capturar a interação dos usuários e coletar dados sobre comportamento e preferências (Freire; Penteado; Hourticq, 2010).

As versões testadas variavam em número de passos, tipo de botão, organização de campos e mensagens de confirmação. Após três ciclos de prototipação iterativa, a empresa adotou a versão com maior taxa de conversão, resultando em um aumento de 22% nas compras finalizadas em três meses (Nielsen, 1993).

Estudo de caso 4 – Aplicações acadêmicas de prototipação em disciplinas de IHC

Cursos de graduação e pós-graduação em Computação e Design frequentemente incluem a prototipação como parte das disciplinas de Interação Humano-Computador. Em um curso de Sistemas de Informação, os alunos desenvolveram protótipos de interfaces para sistemas de controle de biblioteca universitária. A abordagem adotada envolveu a prototipação em papel, seguida de digitalização e testes com usuários reais (alunos e funcionários da biblioteca) (Hoube; Hill, 1997).

As atividades permitiram que os estudantes compreendessem o impacto das decisões de design e desenvolvessem sensibilidade para as necessidades do usuário final. O uso de ferramentas como Figma, Axure e o *plugin* Maze para testes *online* foi incentivado, promovendo familiaridade com o ambiente profissional (Pressman, 2011).

Reflexão sobre os casos apresentados

Os estudos de caso evidenciam que a prototipação é uma prática transversal, aplicável a diferentes setores e escalas de projeto (Garrett, 2011). Seja no contexto hospitalar, educacional, comercial ou acadêmico, o uso estratégico de protótipos contribui significativamente para a criação de soluções mais eficazes, centradas no usuário e alinhadas a objetivos reais.

Além disso, esses exemplos mostram que a prototipação não requer grandes orçamentos ou tecnologias avançadas. Mesmo protótipos simples, se bem aplicados, têm potencial para orientar decisões de design e evitar erros dispendiosos (Ferreira; Fortes, 2014). A chave está na escuta ativa dos usuários, na disposição para testar e na abertura para iterar.

A prática contínua da prototipação fortalece não apenas os produtos desenvolvidos, mas também a maturidade das equipes envolvidas e a cultura organizacional de inovação e empatia (Norman, 2008).

Questões – Capítulo 7: Prototipação: Ferramentas e Níveis de Fidelidade

1) O que é prototipação e qual seu objetivo principal no processo de design de interfaces?
2) Quais são as diferenças entre protótipos de baixa, média e alta fidelidade?
3) Como protótipos de baixa fidelidade contribuem para as fases iniciais de um projeto?
4) Quais ferramentas são mencionadas no capítulo para a criação de protótipos digitais?
5) O que significa prototipação iterativa e quais são seus benefícios?

6) Como os testes com protótipos ajudam a reduzir riscos e custos no desenvolvimento?
7) Por que o envolvimento de *stakeholders* é importante durante a prototipação?
8) Quais vantagens a prototipação oferece para promover inovação em projetos de IHC?
9) Como a prototipação contribui para alinhar expectativas entre equipes multidisciplinares?
10) Segundo o capítulo, por que a prototipação deve ser vista não apenas como uma etapa, mas como uma prática contínua no design?

CAPÍTULO 8: HEURÍSTICAS, PRINCÍPIOS E PADRÕES DE PROJETO

8.1 INTRODUÇÃO

O desenvolvimento de interfaces eficazes não depende apenas de criatividade e tecnologia, mas também de fundamentos bem estabelecidos que guiem as decisões de projeto. Nesse contexto, heurísticas, princípios e padrões de projeto representam pilares fundamentais da Interação Humano-Computador (IHC), oferecendo diretrizes práticas para o design de sistemas que priorizam a usabilidade, a eficiência e a satisfação do usuário.

As heurísticas de usabilidade, por exemplo, são regras empíricas que servem como atalho para decisões de projeto, permitindo que profissionais da área avaliem e melhorem interfaces sem a necessidade imediata de testes com usuários reais. Os princípios de usabilidade, por sua vez, fornecem fundamentos teóricos que sustentam tais heurísticas, muitas vezes oriundos de disciplinas como psicologia cognitiva, ergonomia e design gráfico. Já os padrões de interface documentam soluções consolidadas para problemas recorrentes de design, promovendo consistência e previsibilidade na experiência do usuário.

A integração coerente desses elementos é essencial para o sucesso de projetos interativos. Segundo Norman (2013), a boa usabilidade decorre da adoção de práticas fundamentadas, que consideram tanto as capacidades e limitações humanas quanto os objetivos do sistema. Nielsen e Molich (1990), ao proporem suas famosas dez heurísticas, demonstraram a importância de guias pragmáticos para o design centrado no usuário, sendo suas recomendações amplamente adotadas na indústria e na academia desde então.

Este capítulo explora as heurísticas mais reconhecidas — com ênfase nas de Nielsen —, discute os principais princípios de usabilidade, apresenta padrões de interface e propõe uma reflexão crítica sobre sua aplicação em projetos reais. O objetivo é fornecer aos leitores uma base sólida para conceber interfaces eficazes, acessíveis e agradáveis, promovendo uma experiência do usuário mais fluida e intuitiva.

Nos tópicos a seguir, serão detalhados os conceitos e aplicações de cada grupo de diretrizes, oferecendo exemplos e estudos de caso sempre que possível, de forma a articular teoria e prática na área de IHC.

8.2 HEURÍSTICAS DE NIELSEN

As heurísticas de usabilidade de Jakob Nielsen constituem um dos instrumentos mais amplamente utilizados na avaliação de interfaces de usuário. Publicadas originalmente em 1990 por Jakob Nielsen e Rolf Molich, e posteriormente refinadas por Nielsen em 1994, essas diretrizes têm como objetivo oferecer um conjunto conciso de boas práticas para o design de sistemas interativos, sendo amplamente aplicadas em avaliações heurísticas — método de inspeção que identifica problemas de usabilidade com base nessas regras empíricas.

Embora chamadas de "heurísticas", por não serem normas rígidas ou leis universais, essas diretrizes têm sustentação em décadas de pesquisa empírica em IHC, psicologia cognitiva e design de sistemas. A popularidade e eficácia das heurísticas de Nielsen decorrem de sua simplicidade, aplicabilidade em diferentes contextos e capacidade de orientar a melhoria de interfaces com baixo custo e tempo reduzido (Nielsen, 1994a).

As dez heurísticas de usabilidade de Nielsen são:

8.2.1 VISIBILIDADE DO STATUS DO SISTEMA

O sistema deve sempre manter os usuários informados sobre o que está acontecendo, por meio de *feedback* apropriado em tempo razoável.

Exemplo prático: Um sistema bancário que apresenta uma barra de progresso ao carregar transações transmite ao usuário que sua ação está em andamento, reduzindo ansiedade e incerteza.

Justificativa: A visibilidade é fundamental para a construção da confiança do usuário. Segundo Norman (2013), a ausência de *feedback* torna o sistema opaco, dificultando a tomada de decisões.

8.2.2 CORRESPONDÊNCIA ENTRE O SISTEMA E O MUNDO REAL

O sistema deve falar a linguagem dos usuários, com palavras, frases e conceitos familiares a eles, em vez de termos técnicos. Além disso, é importante seguir convenções do mundo real, fazendo com que a informação apareça em uma ordem natural e lógica.

Exemplo prático: Uma aplicação de edição de imagem que usa ícones como tesoura (recortar), pincel (pintar), e lixeira (excluir) aproveita metáforas visuais familiares ao usuário.

Justificativa: Essa heurística está ligada à teoria da carga cognitiva: quanto mais o sistema se aproxima do modelo mental do usuário, menor o esforço necessário para aprender a interface (Mayer, 2001).

8.2.3 CONTROLE E LIBERDADE DO USUÁRIO

Usuários muitas vezes escolhem funções por engano e precisam de uma "saída de emergência" clara e fácil de encontrar, sem ter que passar por diálogos extensos. Nesse contexto, o sistema deve oferecer um suporte para desfazer e refazer ações.

Exemplo prático: A função "Desfazer" (Ctrl + Z) em editores de texto é uma das mais valiosas aplicações dessa heurística.

Justificativa: Interfaces que não permitem desfazer aumentam o medo de cometer erros, reduzindo a liberdade exploratória do usuário (Shneiderman, 1997).

8.2.4 CONSISTÊNCIA E PADRONIZAÇÃO

Os usuários não devem ter que se perguntar se palavras, situações ou ações diferentes significam a mesma coisa. Para isso, é preciso seguir as convenções da plataforma e do domínio de aplicação.

Exemplo prático: Botões de "Salvar" devem manter cor e localização semelhantes em todas as telas de um *software*.

Justificativa: A consistência reduz a carga de aprendizagem e aumenta a previsibilidade da interface (Tullis; Albert, 2013).

8.2.5 PREVENÇÃO DE ERROS

Melhor que mensagens de erro é um design cuidadoso que previne que eles ocorram. Isso significa eliminar condições propensas a erro ou apresentar confirmação antes da execução de ações perigosas.

Exemplo prático: O alerta "Tem certeza que deseja excluir este arquivo permanentemente?" evita exclusões acidentais.

Justificativa: A prevenção é mais eficaz que a correção. De acordo com Norman (2013), o erro é inevitável, mas pode ser mitigado por bons projetos.

8.2.6 RECONHECIMENTO EM VEZ DE MEMORIZAÇÃO

Minimizar a carga de memória do usuário tornando visíveis objetos, ações e opções. O usuário não deve ter que lembrar informações de uma parte do diálogo para outra.

Exemplo prático: Sistemas que exibem menus suspensos com as opções disponíveis ao invés de exigir digitação manual.

Justificativa: A memória de curto prazo humana é limitada (Miller, 1956), portanto sistemas devem privilegiar o reconhecimento visual.

8.2.7 FLEXIBILIDADE E EFICIÊNCIA DE USO

A interface deve ser flexível o suficiente para atender tanto usuários iniciantes quanto experientes, permitindo atalhos para usuários avançados.

Exemplo prático: *Softwares* que oferecem menus gráficos e, simultaneamente, comandos rápidos via teclado.

Justificativa: Sistemas flexíveis aumentam a eficiência sem comprometer a usabilidade para novatos (Norman, 2013).

8.2.8 ESTÉTICA E DESIGN MINIMALISTA

Diálogos não devem conter informações irrelevantes ou raramente necessárias. Isso ocorre porque toda informação adicional compete com as relevantes, diminuindo sua visibilidade relativa.

Exemplo prático: Interfaces com excesso de texto ou elementos visuais poluem a tela e dificultam a navegação.

Justificativa: O design visual deve guiar o olhar do usuário para o que importa, evitando distrações (Krug, 2014).

8.2.9 AJUDAR OS USUÁRIOS A RECONHECER, DIAGNOSTICAR E RECUPERAR ERROS

As mensagens de erro devem ser expressas em linguagem clara (sem códigos), indicar precisamente o problema e sugerir uma solução construtiva.

Exemplo prático: Uma mensagem como "Senha incorreta. Verifique se o *Caps Lock* está ativado" é mais útil do que "Erro 401".

Justificativa: O *feedback* claro reduz frustração e melhora a experiência de resolução de problemas (Nielsen, 1994b).

8.2.10 AJUDA E DOCUMENTAÇÃO

Mesmo que seja melhor se o sistema puder ser usado sem documentação, pode ser necessário fornecer ajuda. Nesse caso, ela deve ser fácil de buscar, focada na tarefa do usuário, com etapas concretas e não muito extensa.

Exemplo prático: Assistentes interativos, FAQs e sistemas de ajuda integrados.

Justificativa: Documentações bem escritas reduzem a dependência de suporte técnico e aumentam a autonomia do usuário (Preece *et al.*, 2011).

8.3 PRINCÍPIOS DE USABILIDADE

Enquanto as heurísticas de Nielsen se concentram em diretrizes pragmáticas e aplicáveis diretamente no design e na avaliação de interfaces, os princípios de usabilidade abrangem uma base conceitual mais ampla, muitas vezes oriunda de campos como a psicologia cognitiva, a engenharia de fatores humanos, a ergonomia e o design gráfico. Esses princípios explicam "por que" certas heurísticas funcionam e ajudam a justificar, com bases teóricas, decisões de projeto em IHC.

Segundo Dix *et al.* (2004), a usabilidade pode ser compreendida como a medida pela qual um produto pode ser usado por usuários específicos para alcançar objetivos definidos com efetividade, eficiência e satisfação, em um contexto de uso específico. Essa definição é coerente com a norma **ISO 9241-11**, uma das referências internacionais mais respeitadas para a definição e avaliação de usabilidade.

Nesta seção, apresentaremos os princípios mais aceitos pela literatura e pelo mercado, incluindo os propostos por autores como Shneiderman, Norman, Dix, e a norma ISO, abordando suas implicações práticas no desenvolvimento de interfaces.

8.3.1 EFICÁCIA

A eficácia refere-se à capacidade de um sistema em permitir que os usuários realizem as tarefas desejadas de forma precisa e completa.

Exemplo prático: Em um sistema de e-commerce, a eficácia se traduz na capacidade do usuário de localizar um produto, adicioná-lo ao carrinho e concluir a compra com sucesso.

Fundamentação: Conforme a ISO 9241-11, eficácia é uma dimensão fundamental da usabilidade, sendo o primeiro requisito que qualquer sistema deve atender para ser funcional (ISO, 2018).

8.3.2 EFICIÊNCIA

Eficiência diz respeito à relação entre os recursos utilizados (tempo, cliques, esforço cognitivo) e a precisão com que as tarefas são realizadas.

Exemplo prático: Um usuário experiente deve conseguir realizar uma transação bancária em um aplicativo com poucos toques, menus claros e atalhos inteligentes.

Fundamentação: Sistemas eficientes respeitam o tempo do usuário. Segundo Tognazzini (2014), a eficiência está diretamente ligada à fidelização e à satisfação dos usuários.

8.3.3 SATISFAÇÃO

Satisfação é a medida do conforto e da aceitabilidade subjetiva do sistema por parte dos usuários.

Exemplo prático: Uma interface visualmente agradável, com respostas rápidas, transições suaves e textos compreensíveis aumenta a percepção positiva do sistema.

Fundamentação: Norman (2004) defende que o design emocional influencia fortemente a usabilidade, sendo que experiências agradáveis ajudam os usuários a tolerarem até mesmo pequenos erros do sistema.

8.3.4 APRENDIZADO

Refere-se à facilidade com que um novo usuário pode aprender a usar o sistema com sucesso desde o primeiro contato.

Exemplo prático: Aplicativos com tutoriais interativos, *onboarding* inteligente e metáforas visuais conhecidas facilitam a curva de aprendizagem.

Fundamentação: A teoria da carga cognitiva, proposta por Sweller (1988), sugere que interfaces intuitivas minimizam a sobrecarga mental, favorecendo o aprendizado progressivo.

8.3.5 MEMORABILIDADE

Memorabilidade é a capacidade de um sistema ser lembrado após um período de não uso, permitindo que o usuário retome sua atividade sem necessidade de reaprendizagem.

Exemplo prático: Interfaces consistentes e menus organizados contribuem para que usuários que retornem após semanas consigam navegar sem dificuldade.

Fundamentação: Segundo Norman (2013), a consistência visual e funcional de uma interface fortalece os modelos mentais e reduz o esquecimento.

8.3.6 TOLERÂNCIA A ERROS

Um sistema tolerante a erros permite que os usuários corrijam falhas com facilidade, sem grandes consequências negativas.

Exemplo prático: Sistemas que oferecem "desfazer" múltiplos níveis ou restaurar versões anteriores de arquivos previnem perdas irreparáveis.

Fundamentação: Shneiderman (1997) define como um dos "oito princípios de design", destacando a importância de permitir recuperação fácil e clara de ações equivocadas.

8.3.7 ACESSIBILIDADE

Embora frequentemente tratada como um tema à parte, a acessibilidade é um princípio essencial da usabilidade, pois diz respeito à possibilidade de pessoas com diferentes limitações físicas, sensoriais ou cognitivas utilizarem o sistema.

Exemplo prático: Uma interface que permite navegação via teclado, leitura por sintetizadores de voz e contraste ajustável beneficia usuários com deficiência visual ou motora.

Fundamentação: As diretrizes WCAG (*Web Content Accessibility Guidelines*) e a norma ISO 9241 reforçam a acessibilidade como componente indispensável da qualidade em uso.

8.3.8 *FEEDBACK* CONTÍNUO

Princípio segundo o qual toda ação do usuário deve gerar uma resposta perceptível do sistema, indicando que a ação foi recebida e está sendo processada.

Exemplo prático: Clicar em um botão de envio e ver uma animação de carregamento, seguida por uma mensagem de sucesso ou erro.

Fundamentação: O *feedback* contínuo é essencial para o modelo de ação de Norman (1986), que define o ciclo entre intenção, execução e avaliação da ação.

8.3.9 CONSISTÊNCIA INTERNA E EXTERNA

Consistência interna refere-se à uniformidade dentro do próprio sistema; enquanto a consistência externa, à conformidade com convenções amplamente adotadas em sistemas similares.

Exemplo prático: Usar o mesmo ícone de "lupa" para representar busca em diferentes aplicações.

Fundamentação: A consistência é um princípio central nos trabalhos de Nielsen (1994) e Tullis & Albert (2013), pois reduz a carga cognitiva e melhora a previsibilidade.

8.3.10 ACOMPANHAMENTO DO MODELO MENTAL

O sistema deve respeitar e se alinhar aos modelos mentais que os usuários têm sobre como algo deve funcionar, baseando-se em sua experiência anterior.

Exemplo prático: Aplicativos de calendário que se organizam em semanas e meses, como um calendário físico tradicional.

Fundamentação: Norman (2013) destaca que falhas em reconhecer os modelos mentais do usuário são causas frequentes de frustração e abandono de sistemas.

Esses princípios são a base de uma boa experiência interativa e, quando integrados com as heurísticas e padrões de interface, criam sistemas não apenas funcionais, mas também intuitivos, agradáveis e acessíveis.

Na próxima seção, trataremos de como as soluções recorrentes de design são documentadas e aplicadas como *design patterns* para interfaces, promovendo padronização e eficiência nos projetos de IHC.

8.4 PADRÕES DE INTERFACE

Os padrões de interface, também conhecidos como *interface design patterns*, representam soluções recorrentes para problemas comuns no design de interfaces com o usuário. Assim como os padrões de projeto em engenharia de *software* (*design patterns*), eles ajudam a capturar boas práticas de forma reutilizável, promovendo consistência, eficiência e clareza no desenvolvimento de sistemas interativos.

O conceito de padrões de interface foi influenciado por trabalhos como os de Christopher Alexander na arquitetura, e adaptado para o campo da IHC por autores como Jennifer Tidwell (2005) e Jan Borchers (2001). Esses padrões organizam o conhecimento de design baseado em evidência empírica e observações práticas, permitindo que designers iniciantes e experientes adotem abordagens bem-sucedidas e comprovadas em seus projetos.

Nesta seção, exploraremos o conceito, a estrutura típica de um padrão, exemplos aplicados em interfaces digitais, e a importância dos padrões para a consistência e usabilidade.

8.4.1 O QUE SÃO PADRÕES DE INTERFACE

Um padrão de interface é uma descrição documentada de um problema recorrente de design de interação, com uma solução que foi testada e considerada eficaz em múltiplos contextos. Diferentemente de diretrizes genéricas, os padrões especificam o *quando* e o *como* aplicar determinada solução.

Segundo Tidwell (2005, p. 5): "Padrões de design de interface são formas de capturar soluções eficazes para problemas de design que aparecem repetidamente em aplicações de *software*".

8.4.2 ESTRUTURA TÍPICA DE UM PADRÃO

Embora a estrutura exata possa variar, um padrão de interface geralmente inclui:

- Nome: um título claro e memorável (ex.: *Breadcrumbs, Infinite Scroll*);
- Problema: descrição da situação que o padrão resolve;
- Contexto de uso: quando aplicar;
- Solução: como o problema é resolvido;
- Exemplos práticos: *screenshots*, protótipos ou sistemas reais;
- Consequências: prós, contras e implicações da aplicação do padrão.

Essa padronização facilita a disseminação e aplicação sistemática em diferentes domínios e plataformas.

8.4.3 EXEMPLOS COMUNS DE PADRÕES DE INTERFACE

A seguir, apresentamos alguns padrões amplamente utilizados e reconhecidos em interfaces digitais, extraídos de compilações como Tidwell (2005), van Duyne *et al.* (2006) e o site *ui-patterns.com*:

A) *Breadcrumbs* (Trilha de navegação)

- Problema: Usuários se perdem em estruturas hierárquicas profundas;
- Solução: Exibir uma linha de links representando a hierarquia atual do site ou aplicação;
- Exemplo: "Home > Produtos > Eletrônicos > *Smartphones*".

Benefícios: Melhora a orientação espacial e facilita a navegação de retorno.
Aplicações: *Sites* de *e-commerce*, portais acadêmicos, intranets corporativas.

B) *Wizard* (Assistente passo a passo)

- Problema: Tarefas complexas sobrecarregam usuários iniciantes;
- Solução: Dividir a tarefa em etapas sequenciais com instruções claras;
- Exemplo: Instalação de *software* em Windows.

Benefícios: Reduz carga cognitiva e aumenta a confiança do usuário.
Aplicações: Configurações de conta, formulários extensos, tutoriais.

C) *Accordion* (Acordeão)

- Problema: Excesso de informação polui a interface;
- Solução: Exibir conteúdo em blocos colapsáveis, mostrando apenas o essencial inicialmente.

Benefícios: Otimiza espaço visual e permite foco progressivo.
Aplicações: FAQs, *dashboards*, formulários extensos.

D) *Autocomplete* (Preenchimento automático)

- Problema: Digitação manual é propensa a erros e consome tempo;

- Solução: Fornecer sugestões à medida que o usuário digita.

Benefícios: Aumenta velocidade e precisão da entrada de dados.
Aplicações: Buscas, formulários, campos de endereço.

E) *Infinite Scroll* (Rolagem infinita)

- Problema: Paginação quebra o fluxo de navegação em conteúdos longos;
- Solução: Carregar novos conteúdos automaticamente à medida que o usuário rola.

Benefícios: Navegação contínua e sem interrupções.
Aplicações: Redes sociais, catálogos de imagens, resultados de busca.

8.4.4 VANTAGENS DO USO DE PADRÕES DE INTERFACE

a) **Consistência**
Sistemas que usam padrões tornam-se previsíveis e familiares, reduzindo a curva de aprendizado e aumentando a confiança do usuário (Tidwell, 2005).

b) **Eficiência no design**
Reutilizar padrões economiza tempo, evitando a reinvenção da roda. Equipes podem se concentrar em resolver problemas específicos de domínio.

c) **Base empírica**
Padrões derivam de experiências reais e de testes com usuários, oferecendo soluções validadas.

d) **Facilidade de manutenção**
Interfaces padronizadas tendem a ser mais fáceis de atualizar, documentar e testar.

8.4.5 LIMITAÇÕES E CUIDADOS

Apesar de seus benefícios, o uso de padrões requer discernimento. Adotar um padrão fora de contexto pode gerar mais problemas do que soluções. Designers devem:

- Avaliar se o padrão se aplica ao público-alvo e à tarefa;
- Evitar usar padrões apenas por moda ou conveniência;
- Personalizar a aplicação, respeitando a identidade do sistema e as limitações técnicas.

Como alerta Borchers (2001, p. 23): "Padrões são guias, não receitas. O bom design exige julgamento e sensibilidade ao contexto".

8.4.6 PADRÕES E DESIGN CENTRADO NO USUÁRIO

Os padrões devem estar alinhados ao Design Centrado no Usuário (DCU), reforçando a participação de usuários na escolha e validação das soluções adotadas. Além disso, testes de usabilidade devem acompanhar a implementação dos padrões, garantindo sua efetividade no contexto real de uso.

8.5 CONCLUSÃO

Neste capítulo, exploramos com profundidade os três principais pilares que sustentam o design de interfaces eficazes no campo da Interação Humano-Computador: **heurísticas de usabilidade**, **princípios de usabilidade** e **padrões de interface**. Compreender esses elementos é essencial para projetar sistemas que não apenas funcionem corretamente, mas que também proporcionem experiências significativas, intuitivas e agradáveis aos usuários.

As heurísticas de Nielsen, ainda hoje amplamente adotadas, demonstram como regras simples e diretas podem ajudar a identificar e corrigir problemas de usabilidade de forma eficiente, mesmo na ausência de testes com usuários. Esses princípios empíricos são fortalecidos pelo embasamento teórico oferecido por conceitos clássicos da usabilidade, como os definidos pelas normas ISO e por autores como Norman, Shneiderman e Dix. Eles enfatizam dimensões críticas como eficácia, eficiência, satisfação, aprendizado e tolerância a erros, oferecendo um panorama completo para avaliar e projetar sistemas interativos centrados no usuário.

Complementando essa base conceitual e prática, os padrões de interface servem como soluções reutilizáveis para problemas recorrentes de design, contribuindo para a consistência, a previsibilidade e a escalabilidade de projetos digitais. Esses padrões devem ser usados de forma criteriosa e contextualizada, sempre com apoio em testes de usabilidade e *feedback* real de usuários.

Além de facilitar o trabalho de designers e desenvolvedores, a aplicação coerente de heurísticas, princípios e padrões colabora para a construção de sistemas mais acessíveis, inclusivos e eficientes, alinhados com as necessidades dos diversos perfis de usuários e com os desafios da sociedade digital contemporânea.

Como apontam Preece, Rogers e Sharp (2011), "o design de interfaces bem-sucedidas depende de uma profunda compreensão das pessoas, das tarefas que realizam e do contexto em que operam". Assim, este capítulo contribui para ampliar essa compreensão e fornecer ferramentas práticas e conceituais para que os profissionais da área façam escolhas mais acertadas em seus projetos de IHC.

Questões – Capítulo 8: Heurísticas, Princípios e Padrões de Projeto

1) O que são heurísticas de usabilidade e por que elas são consideradas atalhos úteis para o design de interfaces?
2) Quais são as dez heurísticas de Nielsen e Molich destacadas no capítulo?
3) Qual a diferença entre heurísticas e princípios de usabilidade?
4) Como os princípios de usabilidade derivados da psicologia cognitiva e ergonomia fortalecem o design centrado no usuário?
5) O que são padrões de interface e como eles ajudam a resolver problemas recorrentes de design?
6) Quais são os benefícios do uso de padrões de interface para equipes de design e desenvolvimento?
7) Quais cuidados devem ser tomados ao aplicar padrões de interface em diferentes contextos e públicos?

8) Como as heurísticas e padrões se integram no processo de avaliação heurística de um sistema?
9) Por que é importante realizar testes de usabilidade mesmo quando heurísticas e padrões já foram aplicados?
10) Como o capítulo conecta a aplicação desses fundamentos com os desafios éticos e sociais do design de sistemas interativos?

CAPÍTULO 9 – AVALIAÇÃO E TESTES COM USUÁRIOS

9.1 MÉTODOS DE AVALIAÇÃO FORMATIVA E SOMATIVA

A avaliação é uma etapa crítica no processo de design centrado no usuário (DCU), essencial para garantir que os produtos, sistemas ou serviços interativos atendam às necessidades, expectativas e limitações dos usuários finais. No contexto da Interação Humano-Computador (IHC), as avaliações podem ser classificadas em duas categorias principais: **formativas** e **somativas**, cada uma com objetivos, metodologias e momentos de aplicação distintos.

Avaliação Formativa

A avaliação formativa ocorre durante o processo de desenvolvimento, sendo iterativa e focada na identificação precoce de problemas de usabilidade. Seu objetivo principal é fornecer ***feedback* contínuo** que permita ajustes antes que o sistema esteja completamente implementado. Essa abordagem é altamente recomendada em metodologias ágeis e no design centrado no usuário, pois favorece melhorias incrementais com base na observação direta dos usuários interagindo com o protótipo ou sistema em desenvolvimento.

Segundo Nielsen (1993), a avaliação formativa é crucial para prevenir falhas críticas na experiência do usuário. Ela pode ser conduzida de forma informal, com testes exploratórios, ou com métodos estruturados, como o **teste com usuários reais**, **avaliação heurística** e **inspeções cognitivas**. "A maioria dos problemas de usabilidade pode ser detectada com cinco usuários representativos, o que torna a avaliação formativa extremamente eficiente em termos de tempo e custo." (Nielsen, 1994)

Entre os métodos mais comuns de avaliação formativa estão:

- Testes com protótipos de baixa ou média fidelidade;
- Observação direta com coleta de verbalizações (*think-aloud*);
- *Feedback* verbal e visual após tarefas específicas;
- Análise de tarefas com mapeamento de fluxo de interação.

Além disso, a avaliação formativa permite que designers testem suposições iniciais, verifiquem se os fluxos de navegação estão intuitivos e se os elementos da interface possuem significados compreensíveis para o público-alvo.

Avaliação Somativa

Em contraste, a avaliação somativa ocorre **ao final do processo de desenvolvimento**, geralmente quando o sistema já está funcional ou em estágio avançado de implementação. Seu principal objetivo é determinar o grau de usabilidade alcançado e verificar se os critérios de qualidade definidos foram atingidos.

Essa avaliação é, muitas vezes, realizada em contextos mais controlados e quantitativos, como laboratórios de usabilidade, e pode envolver métricas objetivas como:

- Tempo de execução de tarefas;
- Taxa de erros cometidos;
- Grau de satisfação do usuário (por meio de escalas como SUS - *System Usability Scale*);
- Eficiência e eficácia na execução de fluxos.

A avaliação somativa também é utilizada como parte da documentação de certificação ou validação de produtos, especialmente em áreas reguladas como saúde, educação e sistemas financeiros.

Segundo (Shneiderman, Preece e Rogers (2016), "a avaliação somativa permite verificar se o sistema está pronto para ser lançado ao mercado e se cumpre os requisitos essenciais de usabilidade, segurança e acessibilidade."

Ambos os tipos de avaliação devem ser vistos como **complementares**, e não excludentes. Um bom projeto de IHC incorpora ciclos contínuos de avaliação formativa durante o design e uma avaliação somativa rigorosa antes da liberação final.

Quadro 9.1: Comparação entre Avaliações Formativas e Somativas

Aspecto	Avaliação Formativa	Avaliação Somativa
Momento de aplicação	Durante o desenvolvimento	Ao final do desenvolvimento
Objetivo	Melhorar o design iterativamente	Verificar conformidade com os requisitos
Métodos típicos	Testes exploratórios, entrevistas	Testes laboratoriais, métricas quantificáveis
Participação do usuário	Alta	Alta ou moderada
Foco	Identificação precoce de problemas	Validação da qualidade final

Fonte: Elaborado pelo autor, 2025.

A escolha adequada entre os métodos depende dos **recursos disponíveis**, da **maturidade do projeto**, dos **prazos** e do **nível de risco envolvido no uso do sistema**.

9.2 TESTES DE USABILIDADE COM USUÁRIOS REAIS

A prática de realizar testes com usuários reais é considerada uma das mais eficazes formas de avaliar a usabilidade de um sistema. Segundo Rubin e Chisnell (2008), o teste com usuários fornece dados diretos sobre como pessoas reais interagem com uma interface, revelando falhas, dificuldades e comportamentos inesperados que dificilmente seriam detectados por meio de análise heurística ou testes automatizados.

Como destacam os autores: "Testar com usuários é a única maneira de saber se um sistema funciona para os seus usuários reais, no contexto real de uso" (Rubin; Chisnell, 2008)

Esses testes geralmente envolvem a observação de usuários representativos realizando tarefas específicas em um protótipo ou sistema funcional, enquanto o avaliador coleta dados qualitativos e quantitativos.

Tipos de Testes com Usuários

Os testes podem assumir diferentes formatos, dependendo do estágio do projeto, do objetivo da avaliação e dos recursos disponíveis. Entre os métodos mais utilizados, destacam-se:

a) Teste *Think-Aloud* (Pensamento em Voz Alta)

Neste método, o usuário é solicitado a **verbalizar seus pensamentos** enquanto realiza uma tarefa. A técnica, descrita por Ericsson e Simon (1993), permite ao avaliador entender o raciocínio por trás das ações do usuário, revelando **expectativas, confusões e estratégias cognitivas** utilizadas.

"A verbalização do usuário fornece uma janela para o seu modelo mental, permitindo aos designers ajustarem a interface de acordo com a lógica do usuário e não apenas com a lógica do sistema." (Ericsson; Simon, 1993)

b) *Eye Tracking* (Rastreamento Ocular)

O *eye tracking* é uma técnica que rastreia os movimentos dos olhos do usuário enquanto ele interage com a interface. Com isso, é possível identificar quais elementos chamam mais atenção, onde há demora na leitura, e se o fluxo visual está coerente com o esperado.

É uma abordagem valiosa para **interfaces gráficas ricas**, como sites, jogos e aplicativos móveis. No entanto, exige equipamentos específicos e, geralmente, um ambiente de teste controlado.

c) A/B *Testing*

O teste A/B envolve a comparação entre duas versões de uma interface para verificar qual delas oferece melhor desempenho em relação a determinados critérios (ex.: taxa de conversão, tempo de permanência, satisfação do usuário).

Essa técnica é bastante comum em ambientes *web*, especialmente quando há grande volume de acessos e se deseja validar **mudanças**

pontuais no *layout* ou na navegação. É uma forma poderosa de tomar decisões baseadas em dados empíricos.

d) Testes Remotos

Com o crescimento das tecnologias de videoconferência e ferramentas de *screen sharing*, os testes de usabilidade também podem ser realizados remotamente. Embora perca-se um pouco do controle do ambiente, esse tipo de teste permite avaliar o uso **em contexto real**, com menos viés de laboratório.

Existem ferramentas que automatizam a coleta de dados durante o teste remoto, como Hotjar, *Lookback*, Maze e *UsabilityHub*.

e) Testes Moderados e Não Moderados

Nos **testes moderados**, um avaliador acompanha o usuário durante a sessão, podendo fazer perguntas, encorajar verbalizações e observar diretamente o comportamento. Já os **não moderados** são realizados de forma autônoma, com instruções gravadas e análise posterior dos registros.

A escolha entre essas modalidades depende dos **recursos humanos disponíveis** e da **profundidade desejada na análise**.

Seleção dos Participantes

A escolha dos participantes é uma etapa crucial. Idealmente, os usuários devem representar fielmente os **perfis definidos na modelagem de personas** (conforme abordado no Capítulo 4). Nielsen (2000) argumenta que cinco usuários bem selecionados são suficientes para encontrar a maioria dos problemas de usabilidade em um sistema.

Conforme destaca o autor: "Cinco usuários detectam 85% dos problemas de usabilidade, tornando os testes acessíveis mesmo para equipes com recursos limitados" (Nielsen, 2000).

No entanto, se o sistema for direcionado a múltiplos perfis ou for de missão crítica (como aplicações médicas), pode ser necessário um número maior de participantes e maior rigor estatístico.

Roteiro de Teste

Um bom teste de usabilidade com usuários reais deve seguir um roteiro estruturado, com as seguintes etapas:

1. **Boas-vindas e explicação do propósito do teste;**
2. **Consentimento informado** (respeitando questões éticas);
3. **Descrição das tarefas** (de preferência realistas e contextualizadas);
4. **Execução das tarefas com observação e gravação;**
5. **Entrevista pós-tarefa ou questionário de satisfação;**
6. **Agradecimento e encerramento.**

As tarefas devem ser **claras, objetivas e baseadas em situações reais de uso**, permitindo avaliar aspectos como eficiência, eficácia e satisfação.

Coleta de Dados

Durante os testes, diversos tipos de dados podem ser coletados:

- Quantitativos: tempo de tarefa, número de cliques, taxa de sucesso, número de erros;
- Qualitativos: comentários espontâneos, expressões faciais, hesitações, comentários do moderador;
- Fisiológicos: movimentos oculares, frequência cardíaca, resposta galvânica da pele (em testes avançados).

A riqueza desses dados permite uma análise mais profunda, como veremos na seção seguinte.

9.3 ANÁLISE DOS RESULTADOS

A análise dos resultados obtidos em testes de usabilidade é uma etapa crítica para transformar os dados brutos coletados em ***insights* acionáveis** que subsidiem melhorias no projeto. Para isso, a análise pode ser conduzida por meio de abordagens **qualitativas**, **quantitativas** ou uma combinação de ambas, dependendo da complexidade do sistema, dos objetivos do teste e do tipo de dados obtidos.

Como ressaltam Preece, Rogers e Sharp (2013), "A análise de dados de usabilidade não se resume a números ou gráficos; trata-se de compreender profundamente o comportamento humano diante da tecnologia."

Análise Qualitativa

A análise qualitativa envolve a interpretação de comportamentos, verbalizações e emoções expressas pelos usuários durante a interação com a interface. Ela busca **compreender o "porquê" por trás das ações**, e geralmente utiliza métodos como:

- Transcrição de sessões de teste;
- Codificação de falas e ações recorrentes;
- Mapas de jornada do usuário (*User Journey Maps*);
- Análise temática de *feedback*.

Esse tipo de análise é especialmente útil quando se deseja captar **emoções, frustrações, confusões e percepções subjetivas** do usuário em relação à interface.

Como destaca Norman (2004), "a subjetividade do usuário é essencial para compreender a experiência como um todo. Ignorar o que é dito, mesmo que não quantificável, é negligenciar o coração da IHC."

Além disso, a análise qualitativa pode ser conduzida com apoio de *softwares* como NVivo, ATLAS.ti ou MAXQDA, que ajudam na codificação e organização dos dados.

Análise Quantitativa

Por outro lado, a análise quantitativa se baseia em dados objetivos e mensuráveis coletados durante o teste, como:

- Tempo médio para completar tarefas;
- Taxa de sucesso em cada tarefa;

- Número médio de cliques por tarefa;
- Frequência e tipos de erros;
- Nível de satisfação (por meio de questionários padronizados).

Os dados quantitativos são úteis para realizar **comparações entre versões do sistema**, avaliar a eficácia de mudanças e fornecer **evidências estatísticas** para decisões de projeto.

Exemplos de instrumentos quantitativos:

- *System Usability Scale* (SUS): questionário de 10 itens para mensurar a percepção geral de usabilidade;
- *Net Promoter Score* (NPS): avalia a probabilidade de recomendação do sistema;
- *Task Completion Rate* (TCR): percentual de tarefas concluídas com sucesso;
- *Time on Task* (ToT): tempo necessário para completar uma tarefa.

"Ao combinar métricas de desempenho com percepção subjetiva, obtém-se uma visão holística da experiência do usuário." (Tullis; Albert, 2013)

Triangulação de Dados

Uma abordagem cada vez mais valorizada na IHC é a triangulação de dados, que consiste em **combinar métodos qualitativos e quantitativos** para validar resultados e enriquecer a interpretação. Por exemplo, se um usuário demora muito tempo em uma tarefa (dado quantitativo) e verbaliza durante o teste que não encontrou facilmente o botão de envio (dado qualitativo), o designer pode inferir com segurança que há um problema de **visibilidade ou localização de comandos**. Dessa forma, a combinação de abordagens reduz vieses, fortalece a análise e oferece maior confiabilidade aos resultados.

Visualização e Comunicação dos Resultados

Além da análise, é fundamental apresentar os resultados de forma clara e compreensível às equipes envolvidas. Boas práticas incluem:

- Quadros e tabelas resumindo métricas de desempenho;
- Capturas de tela com anotações visuais dos problemas;
- Vídeos curtos com trechos representativos de falhas;
- Painéis visuais (*dashboards*) com indicadores de usabilidade.

A comunicação deve ser adaptada ao público-alvo: desenvolvedores, designers, gestores, *stakeholders* etc. Segundo Sauro e Lewis (2016), a eficácia da análise depende também da capacidade de **comunicar os achados de forma acionável**, transformando dados em decisões.

Priorização de Problemas

Nem todos os problemas identificados durante os testes têm o mesmo peso. Por isso, é comum utilizar **matrizes de severidade** que avaliem:

- Frequência de ocorrência;
- Impacto na experiência do usuário;
- Facilidade de correção.

Com base nesses critérios, os problemas são classificados em categorias como: críticos, moderados e menores. Essa priorização auxilia na definição do que deve ser corrigido de imediato e o que pode ser postergado.

9.4 MELHORIA CONTÍNUA BASEADA EM *FEEDBACK*

A avaliação com usuários, conforme discutido nas seções anteriores, não deve ser encarada como uma etapa isolada e estanque no processo de desenvolvimento. Ao contrário, a **filosofia da melhoria contínua** propõe que o projeto de interfaces evolua constantemente com base nas evidências e *insights* obtidos junto aos usuários reais. Esse princípio é essencial no design centrado no usuário (DCU) e encontra respaldo em abordagens ágeis, *design thinking* e engenharia de usabilidade.

Como ressalta Garrett (2011): "Design não é um evento, mas um processo contínuo de escuta, adaptação e refinamento." Nesse sentido, a melhoria contínua consiste na **realimentação do ciclo de desenvolvimento** com os resultados obtidos em avaliações, transformando *feedback* em **ações concretas de redesign, reavaliação e evolução** da interface.

Ciclo Iterativo de Avaliação

Um dos modelos mais difundidos nesse contexto é o **ciclo iterativo de design e avaliação**, comumente representado pelas seguintes fases:

1. **Planejar (*Plan*):** definição de objetivos, escopo e métodos de avaliação;
2. **Executar (*Do*):** realização de testes com usuários;
3. **Analisar (*Check*):** interpretação dos dados coletados;
4. **Melhorar (*Act*):** implementação das mudanças e refinamentos.

Esse modelo é uma adaptação do **Ciclo PDCA (*Plan-Do-Check-Act*)**, proposto originalmente por Deming na gestão da qualidade, e é amplamente aplicado na engenharia de *software* e em processos de IHC. "A interação humano-computador é intrinsecamente iterativa, pois envolve a modelagem da mente humana, que muda e evolui." (Shneiderman; Plaisant, 2010)

Design Incremental e Evolutivo

Adotar uma abordagem incremental significa reconhecer que **não há design perfeito de primeira**, e que a interface deve ser tratada como **um organismo em constante adaptação**. Através da análise recorrente de métricas de uso, relatórios de bugs, entrevistas com usuários e testes controlados, o sistema pode ser constantemente ajustado para **otimizar a experiência de uso**.

"A chave para um bom design não é antecipar todas as possibilidades, mas saber responder rapidamente ao *feedback* real dos usuários." (Norman, 2013)

Isso implica em:

- Flexibilidade no *backlog* de desenvolvimento;
- Priorização de melhorias com base em dados reais;
- Implementação rápida de correções e atualizações;
- Testes contínuos em ciclos curtos (*test-driven design*).

Fontes Contínuas de *Feedback*

Além dos testes planejados, existem diversas formas de colher *feedback* contínuo ao longo do ciclo de vida de um sistema:

- *Feedback* embutido na interface: questionários rápidos, botões de "Gostei/Não Gostei", comentários;
- Análise de logs de uso: comportamento dos usuários em tempo real;
- Ferramentas de monitoramento de desempenho: como Google Analytics, Firebase, Matomo;
- Suporte técnico e canais de atendimento: chamados e tickets revelam pontos críticos;
- Comunidades e fóruns de usuários: percepção espontânea e sugestões de melhoria.

A combinação dessas fontes permite ao time de desenvolvimento manter um olhar atento e empático às **necessidades emergentes** dos usuários.

Cultura Organizacional Orientada ao Usuário

Para que a melhoria contínua realmente se estabeleça, é necessário mais do que processos: é preciso promover uma **cultura organizacional orientada ao usuário**. Isso significa:

- Incluir o usuário nas decisões desde as fases iniciais;
- Valorizar a empatia e a escuta ativa na equipe;
- Investir em formação contínua em IHC e UX;

- Recompensar práticas que melhorem a experiência do usuário final.

Conforme Kim (2020) enfatiza: "Melhorar continuamente requer mais do que métricas. Requer valores centrados no ser humano e uma visão de longo prazo."

Exemplos Reais de Aplicação

Empresas como Google, Apple, Amazon e Spotify aplicam o conceito de melhoria contínua como base de sua filosofia de design. O **Google**, por exemplo, realiza constantes experimentos com múltiplas versões de sua interface para testar mudanças sutis de *layout*, cores, posicionamento de botões e performance. Já o **Spotify** utiliza entrevistas regulares com usuários para validar funcionalidades novas e evitar que a interface se torne confusa ou sobrecarregada.

Em sistemas de uso público, como plataformas governamentais ou educacionais, a melhoria contínua baseada em *feedback* também é cada vez mais adotada. A plataforma GOV.UK, por exemplo, mantém um repositório público de relatórios de testes com usuários, documentando como as decisões de design foram tomadas com base nas avaliações.

Considerações Finais do Capítulo

A avaliação e os testes com usuários são pilares fundamentais do campo da Interação Humano-Computador. Mais do que etapas técnicas, representam **um compromisso ético e metodológico com a experiência, o bem-estar e a eficácia do uso das tecnologias interativas**.

A integração entre métodos formativos e somativos, a análise rigorosa dos dados obtidos e a prática sistemática de melhoria contínua asseguram que os produtos digitais sejam não apenas funcionais, mas verdadeiramente centrados nas pessoas. Em um cenário de interfaces cada vez mais complexas e diversificadas, a capacidade de ouvir, interpretar e agir a partir do *feedback* dos usuários se torna **um diferencial estratégico e humanizador** na engenharia de *software*.

Questões – Capítulo 9: Avaliação e Testes com Usuários

1) Qual é a diferença entre avaliação formativa e avaliação somativa no contexto da IHC?
2) Quais são os principais objetivos da avaliação formativa durante o desenvolvimento de um sistema?
3) Quais métodos são comumente usados na avaliação formativa?
4) Por que a avaliação somativa é importante após a implementação de um sistema?
5) Quais métricas quantitativas são usadas na avaliação somativa para medir usabilidade?
6) Como os testes com protótipos de baixa ou média fidelidade ajudam na identificação de problemas?
7) Por que a participação de usuários reais é essencial nos testes de avaliação?
8) Qual o papel das análises de tarefas e fluxos de interação nos processos de avaliação?
9) Como ferramentas como SUS (*System Usability Scale*) são usadas para medir a satisfação do usuário?
10) Qual é a importância da avaliação como parte do compromisso ético e metodológico no design centrado no usuário?

CAPÍTULO 10 – ACESSIBILIDADE E DESIGN INCLUSIVO

10.1 CONCEITOS DE ACESSIBILIDADE DIGITAL

A acessibilidade digital é um campo fundamental dentro da Interação Humano-Computador (IHC), cujo objetivo é garantir que sistemas computacionais, *websites, softwares,* aplicativos móveis e demais interfaces digitais possam ser utilizadas por todas as pessoas, **independentemente de suas capacidades físicas, sensoriais, cognitivas ou tecnológicas**. Trata-se de um princípio de equidade, inclusão e justiça social aplicado ao universo digital.

Segundo o *World Wide Web Consortium* (W3C, 2018), "A acessibilidade digital busca remover barreiras para que todas as pessoas possam perceber, entender, navegar e interagir com a *web* e com os recursos tecnológicos disponíveis."

Ademais, o W3C afirma que a acessibilidade deve ser considerada desde as etapas iniciais do desenvolvimento de qualquer sistema digital. Caso contrário, compromete a usabilidade e exclui milhões de usuários da participação plena na sociedade da informação.

Definição e Importância

A acessibilidade digital refere-se à criação de conteúdos e sistemas que sejam perceptíveis, operáveis, compreensíveis e robustos para usuários com diferentes tipos de deficiência. Isso inclui pessoas com:

- Deficiência visual: cegueira, baixa visão, daltonismo;
- Deficiência auditiva: surdez total ou parcial;
- Deficiência motora: limitações nos movimentos dos membros superiores;

- Deficiência cognitiva: dislexia, TDAH, dificuldades de aprendizagem;
- Deficiência múltipla: combinação de duas ou mais condições.

Além disso, o conceito de acessibilidade abrange também **situações temporárias ou contextuais**, como o uso de um dispositivo móvel sob forte luz solar, com baixa largura de banda, ou por uma pessoa com o braço imobilizado temporariamente, como ressaltam Kelly *et al.*, a acessibilidade não beneficia apenas pessoas com deficiência, mas melhora a experiência para todos os usuários."

Acessibilidade na Perspectiva da IHC

No contexto da IHC, a acessibilidade é tratada como uma **dimensão essencial da qualidade de uso.** Um sistema que não pode ser utilizado por todos os seus usuários em potencial viola os princípios básicos da usabilidade e da inclusão.

Preece, Rogers e Sharp (2013) afirmam que a acessibilidade é uma questão ética, técnica e social. Ética, porque trata do direito de acesso; técnica, porque envolve diretrizes de projeto específicas; e social, porque promove inclusão digital e participação cidadã.

Nesse sentido, a acessibilidade representa um princípio fundamental de justiça e equidade, como ressalta a ONU (2006): é um direito humano fundamental na era digital."

Barreiras de Acessibilidade

As barreiras à acessibilidade digital podem ser classificadas em diversas categorias:

1. **Barreiras tecnológicas:** uso de tecnologias incompatíveis com leitores de tela, ausência de legendas, imagens sem descrição alternativa;
2. **Barreiras de design:** contrastes fracos, *layouts* desorganizados, navegação confusa;
3. **Barreiras cognitivas:** textos complexos, excesso de informações, vocabulário técnico;

4. **Barreiras sociais:** desconhecimento por parte de desenvolvedores, falta de políticas públicas, ausência de fiscalização.

A eliminação dessas barreiras exige **educação em acessibilidade**, **adoção de padrões técnicos** e **envolvimento direto de pessoas com deficiência nos processos de design.**

Design Universal vs. Design Acessível

É importante distinguir entre os conceitos de **design acessível** e **design universal**. O design acessível busca **adaptar produtos ou ambientes para que se tornem acessíveis a grupos específicos**, muitas vezes por meio de recursos adicionais ou tecnologias assistivas. Já o design universal, também chamado de **design para todos**, propõe **criar soluções que atendam desde o início a um espectro mais amplo de usuários**, sem a necessidade de adaptações futuras.

"O design universal é uma filosofia que considera a diversidade humana como ponto de partida para a criação." (Mace, 1997) Assim, ambos os conceitos são complementares e devem coexistir dentro de uma abordagem integrada de acessibilidade.

Benefícios da Acessibilidade

Investir em acessibilidade traz inúmeros benefícios:

- Inclusão social de milhões de pessoas com deficiência;
- Conformidade com leis e diretrizes internacionais;
- Melhora da usabilidade geral para todos os usuários;
- Aumento do alcance de produtos e serviços digitais;
- Melhoria da reputação e responsabilidade social da organização.

Além disso, práticas de acessibilidade favorecem a **indexação por mecanismos de busca**, a compatibilidade com dispositivos móveis e a adaptação a contextos diversos de uso.

Acessibilidade como Direito

A acessibilidade digital é reconhecida como um **direito garantido em legislações internacionais e nacionais**. A **Convenção sobre os Direitos das Pessoas com Deficiência**, da ONU (2006), ratificada pelo Brasil com equivalência de emenda constitucional, afirma que os Estados devem promover o acesso das pessoas com deficiência às tecnologias da informação e comunicação, incluindo a internet.

No Brasil, a **Lei Brasileira de Inclusão da Pessoa com Deficiência (Lei nº 13.146/2015)** estabelece que *websites* de empresas e instituições públicas devem ser acessíveis, sob pena de sanções. Segundo a legislação: "O acesso à informação e à comunicação, inclusive às tecnologias e sistemas de informação e comunicação, é direito de todos, independentemente de deficiência." (Brasil, 2015)

10.2 LEGISLAÇÃO E DIRETRIZES (WCAG)

As diretrizes de acessibilidade servem como **fundamentação técnica e normativa** para a criação de interfaces digitais acessíveis. O principal conjunto de normas internacionalmente reconhecido é o **WCAG - Web Content Accessibility Guidelines**, desenvolvido pelo **W3C - World Wide Web Consortium**, por meio da iniciativa **WAI - Web Accessibility Initiative**. Tais diretrizes foram criadas com o objetivo de padronizar práticas de desenvolvimento que promovam o acesso equitativo à informação digital. Dessa forma, como destaca o W3C (2018), "A adoção de diretrizes como a WCAG é essencial para garantir que os sistemas digitais não excluam pessoas com deficiência."

Princípios do WCAG

A versão mais atual, **WCAG 2.1**, publicada em 2018, organiza seus requisitos em torno de **quatro princípios fundamentais**, resumidos pela sigla **POUR**:

1. **Perceptível (*Perceivable*):** a informação e os componentes da interface devem ser apresentados de modo que os usuários possam percebê-los (ex.: uso de texto alternativo para imagens, legendas para vídeos, contraste adequado);

2. **Operável (*Operable*):** a interface deve ser utilizável por todos, incluindo usuários que não utilizam mouse (ex.: navegação via teclado, tempo suficiente para ações);
3. **Compreensível (*Understandable*):** os conteúdos devem ser compreensíveis, consistentes e previsíveis (ex.: linguagem simples, instruções claras, prevenção de erros);
4. **Robusto (*Robust*):** o conteúdo deve ser compatível com diferentes agentes de usuário, incluindo tecnologias assistivas (ex.: leitores de tela, navegadores diversos).

Assim, "os princípios POUR ajudam os desenvolvedores a manter o foco em pessoas reais, com limitações reais, ao projetar interfaces digitais." (Kirk Patrick; O'Connor, 2018)

Critérios de Sucesso e Níveis de Conformidade

Cada princípio da WCAG é desdobrado em **critérios de sucesso**, totalizando 78 itens na versão 2.1. Esses critérios são classificados em **três níveis de conformidade**:

- Nível A (mínimo): requisitos básicos de acessibilidade;
- Nível AA (intermediário): critérios amplamente aceitos como padrão de mercado;
- Nível AAA (avançado): maior grau de acessibilidade, exigido em casos especiais.

Dessa forma, as Organizações públicas e privadas são fortemente incentivadas a cumprir pelo menos o **nível AA**, considerado o mínimo ideal para garantir acessibilidade real e ampla. Além disso, a "conformidade com o nível AA da WCAG 2.1 tornou-se um requisito legal em vários países, inclusive no Brasil." (Silva; Moraes, 2020)

Aplicação das Diretrizes

A aplicação das diretrizes da WCAG pode ser feita durante todo o ciclo de vida do desenvolvimento, incluindo:

- Análise de requisitos: identificação de usuários com necessidades específicas;

- Design: uso de cores adequadas, fontes legíveis, *layouts* responsivos
- Implementação: uso correto de HTML semântico, ARIA (*Accessible Rich Internet Applications*), suporte a teclado;
- Avaliação: uso de validadores automáticos (como WAVE, *AChecker, Lighthouse*) e testes com usuários com deficiência.

Legislação Brasileira

No Brasil, a **Lei Brasileira de Inclusão da Pessoa com Deficiência (Lei nº 13.146/2015)** estabelece diretrizes de acessibilidade digital em seu artigo 63, exigindo que **páginas da internet mantidas por empresas com sede ou representação no país respeitem os critérios de acessibilidade**, conforme as melhores práticas e diretrizes internacionais, notadamente a WCAG.

Complementarmente, o **Decreto nº 9.296/2018** regulamenta a LBI no que se refere à acessibilidade nos meios de comunicação, ampliando a exigência para conteúdos em áudio e vídeo (como audiodescrição, legendas e LIBRAS).

Além disso, existem normas técnicas como a **ABNT NBR 17060:2022**, que trata de diretrizes para acessibilidade em interfaces digitais, alinhando-se aos padrões internacionais do W3C.

Assim, "a acessibilidade digital deixou de ser apenas uma boa prática e passou a ser uma obrigação legal e ética das organizações." (IBRAC, 2021)

Responsabilidade das Instituições

Todas as instituições públicas e privadas são responsáveis por garantir que seus conteúdos e sistemas sejam acessíveis. Isso inclui:

- Órgãos governamentais (sites de prefeituras, ministérios, tribunais etc.);
- Instituições de ensino e pesquisa;
- Empresas de tecnologia e *e-commerce*;

- Plataformas educacionais, bancárias, de saúde, entre outras.

O não cumprimento da legislação pode implicar sanções administrativas, jurídicas e reputacionais.

Diretrizes Complementares

Além da WCAG, outras normas e iniciativas internacionais contribuem para o ecossistema de acessibilidade, como:

- ATAG (*Authoring Tool Accessibility Guidelines*): diretrizes para ferramentas de autoria;
- UAAG (*User Agent Accessibility Guidelines*): diretrizes para navegadores e players;
- *Section 508* (EUA): legislação federal de acessibilidade digital;
- ISO/IEC 40500: norma internacional que oficializa a WCAG como padrão ISO.

10.3 DESIGN PARA TODOS

O conceito de **Design para Todos** (ou **Design Universal**) refere-se a uma abordagem de projeto que busca **tornar produtos, serviços, ambientes e interfaces utilizáveis pelo maior número possível de pessoas**, sem necessidade de adaptação ou projeto especializado posterior. No campo da Interação Humano-Computador (IHC), essa abordagem visa garantir que **as interfaces digitais sejam inclusivas desde sua concepção**, atendendo às **necessidades de diferentes perfis de usuários** — com ou sem deficiência.

Nesse sentido, conforme destacado por Mace (1997), "Design Universal é o projeto de produtos e ambientes utilizáveis por todas as pessoas, na maior extensão possível, sem a necessidade de adaptação ou design especializado."

Fundamentos do Design para Todos

O conceito surgiu a partir dos trabalhos de **Ronald L. Mace**, arquiteto norte-americano que propôs o termo na década de 1980

Desde então, o design universal tem sido amplamente aplicado em áreas como arquitetura, urbanismo, design de produtos e, mais recentemente, em tecnologia e interfaces digitais.

A **essência do Design para Todos** está em reconhecer que **a diversidade humana é a norma**, e não a exceção. Isso inclui:

- Variações físicas (altura, força, mobilidade);
- Variações sensoriais (visão, audição, tato);
- Variações cognitivas (memória, raciocínio, atenção);
- Variações culturais, linguísticas, educacionais e contextuais.

"Ao projetar para a diversidade, não projetamos para o usuário médio, mas para todos." (Shneiderman; Plaisant, 2010)

Os Sete Princípios do Design Universal

O Center for Universal Design, da Universidade Estadual da Carolina do Norte (EUA), propôs sete princípios fundamentais para guiar a criação de produtos, ambientes e interfaces acessíveis ao maior número possível de pessoas, independentemente de idade, habilidade ou condição. Esses princípios são amplamente adotados no design inclusivo, especialmente na Interação Humano-Computador (IHC).

a. Uso Equitativo

Definição: O design deve ser útil e comercializável para pessoas com habilidades diversas.

Ampliação: Interfaces digitais devem garantir que funcionalidades essenciais estejam disponíveis a todos os usuários. Por exemplo, um sistema bancário *online* deve ser acessível tanto para pessoas cegas (via leitores de tela) quanto para usuários comuns, sem oferecer versões "especiais". Isso evita a exclusão e reforça o princípio da igualdade de acesso.

b. Flexibilidade no Uso

Definição: O design deve acomodar uma ampla gama de preferências e habilidades individuais.

Ampliação: Interfaces flexíveis permitem diferentes formas de entrada e navegação (toque, teclado, voz), se adaptam a usuários destros e canhotos e respeitam preferências culturais. Por exemplo, um formulário pode ser preenchido usando comandos de voz ou toque, conforme a necessidade do usuário.

c. Uso Simples e Intuitivo

Definição: O design deve ser fácil de entender, independentemente da experiência, conhecimento, idioma ou nível de concentração do usuário.

Ampliação: Sistemas intuitivos usam linguagem clara, metáforas visuais familiares e evitam jargões técnicos. Um bom exemplo são aplicativos móveis com tutoriais visuais simples, ícones consistentes e orientações passo a passo para novos usuários.

d. Informação Perceptível

Definição: O design deve comunicar informações eficazmente, independentemente das condições sensoriais ou ambientais.

Ampliação: Uma interface perceptível usa múltiplos canais para transmitir informações — visual, auditivo, tátil. Por exemplo, um alerta pode ser exibido como um ícone piscante, um som e uma vibração simultaneamente, beneficiando usuários com diferentes capacidades sensoriais.

e. Tolerância ao Erro

Definição: O design deve minimizar riscos e consequências adversas de ações acidentais ou não intencionais.

Ampliação: Interfaces tolerantes ao erro oferecem confirmação antes de ações irreversíveis (como excluir uma conta) e permitem desfazer operações. Além disso, evitam campos obrigatórios mal sinalizados, que causam frustração ao usuário.

f. Baixo Esforço Físico

Definição: O design deve ser utilizável com eficiência e conforto, com o mínimo de fadiga.

Ampliação: Em IHC, isso se traduz em interfaces com poucos cliques, menus otimizados e atalhos acessíveis. Sistemas que exigem muitos passos para tarefas simples desrespeitam esse princípio e penalizam usuários com mobilidade reduzida ou uso prolongado.

g. Tamanho e Espaço para Aproximação e Uso

Definição: Deve haver espaço apropriado para aproximação, alcance, manipulação e uso, independentemente do tamanho do corpo, postura ou mobilidade do usuário.

Ampliação: Em termos digitais, isso implica projetar para diferentes resoluções, zoom e *layouts* adaptáveis. Botões e campos interativos devem ter tamanho mínimo adequado (ex.: 44 px por 44 px em interfaces mobile) para evitar erros em toques imprecisos.

Os sete princípios vão além da acessibilidade técnica — formam a base de um design ético, empático e responsável. Sua aplicação na IHC resulta em sistemas mais robustos, democráticos e preparados para a diversidade humana, contribuindo não apenas para a inclusão de pessoas com deficiência, mas para o benefício de todos. Assim, "esses princípios fornecem uma base prática e ética para a criação de produtos verdadeiramente inclusivos." (The Center for Universal Design, 1997)

Aplicações do Design para Todos na IHC

No contexto da Interação Humano-Computador (IHC), o **Design para Todos** busca garantir que produtos digitais possam ser usados de forma autônoma, segura e confortável pelo maior número possível de pessoas, com diferentes perfis físicos, sensoriais, cognitivos, culturais e sociais. A aplicação desse conceito envolve decisões técnicas e éticas que impactam diretamente a usabilidade, acessibilidade e inclusão digital.

A seguir, detalham-se as principais aplicações práticas:

- **Interfaces responsivas e adaptáveis**

O design deve prever que a interface se ajuste automaticamente a **diferentes tamanhos de tela**, dispositivos e orientações (retrato/paisagem), garantindo legibilidade, navegabilidade e funcionalidade em **celulares, *tablets*, computadores e *smart* TVs**. Isso é essencial para públicos que usam apenas o celular como meio de acesso à internet.

- **Navegação por teclado, voz e outros métodos**

Sistemas bem projetados oferecem **alternativas à navegação tradicional por mouse**, permitindo que usuários com deficiência motora utilizem teclado, comandos de voz ou dispositivos assistivos. Isso favorece a independência de pessoas com mobilidade reduzida, tetraplegia ou lesões temporárias.

- **Linguagem clara e objetiva**

A **simplicidade textual** é um componente essencial do design inclusivo. O uso de frases curtas, vocabulário acessível, estrutura lógica e ausência de jargões técnicos facilita a compreensão por públicos com **baixo letramento**, usuários estrangeiros ou pessoas com deficiência cognitiva leve.

- **Ícones e botões com identificação visual e textual**

A combinação de ícones visuais + rótulos de texto aumenta a clareza funcional de botões, links e menus. Por exemplo, um botão com ícone de impressora e o texto "Imprimir" evita ambiguidades, especialmente para usuários idosos, iniciantes ou com déficits visuais leves.

- **Compatibilidade com tecnologias assistivas**

Interfaces devem ser **semânticas e acessíveis** para leitores de tela, ampliadores, linhas Braille e *softwares* de navegação por comandos vocais. Isso inclui o uso correto de HTML, ARIA *roles*, rótulos alternativos para imagens (*alt text*), foco de navegação e estrutura de cabeçalhos.

- **Múltiplas formas de comunicação**

A diversidade humana demanda **múltiplos canais sensoriais**. Um sistema verdadeiramente inclusivo oferece informação em áudio, texto, imagem e vídeo com legenda e Libras, permitindo que o usuário escolha o formato mais adequado à sua realidade sensorial e cognitiva.

Considerações Contextuais

O Design para Todos na IHC não se limita às capacidades do usuário, mas também aos **contextos de uso**. Devem ser considerados fatores como:

- Localização geográfica: populações em áreas remotas podem ter conexão limitada ou instável.
- Condições socioeconômicas: impacto na qualidade dos dispositivos utilizados.
- Idioma e cultura: rótulos e símbolos podem ter significados diferentes em cada região.
- Alfabetização digital: usuários iniciantes exigem sistemas que guiem passo a passo e evitem sobrecarga informacional.

Aplicar o Design para Todos na IHC é ir além da acessibilidade técnica — é um compromisso com a equidade digital, com o respeito à diversidade e com a criação de experiências realmente humanas, funcionais e justas.

Design Inclusivo vs. Design Universal

Embora frequentemente tratados como sinônimos, **Design Universal** e **Design Inclusivo** representam abordagens complementares, porém distintas, na busca por produtos, serviços e interfaces acessíveis e equitativos. A diferença entre eles está principalmente na **filosofia de projeto e no grau de adaptação às diversidades humanas**.

Design Universal: uma proposta ampla e antecipatória

O **Design Universal** (ou "design para todos") tem como princípio central **criar uma única solução que funcione para o maior número possível de pessoas, sem a necessidade de adaptações posteriores**. Essa abordagem busca eliminar a exclusão já na concepção inicial do projeto, projetando produtos "prontos para uso" por pessoas com diferentes capacidades físicas, sensoriais ou cognitivas.

Exemplo típico: Uma rampa de acesso integrada ao projeto arquitetônico principal, em vez de uma entrada alternativa para cadeirantes.

Na IHC, o design universal se manifesta em interfaces que:

- Não exigem configuração prévia para serem acessadas por usuários com deficiência;

- Funcionam em múltiplas plataformas e dispositivos de forma fluida (responsividade);
- Têm elementos de interface autoexplicativos e compatíveis com diferentes perfis de usuário.

Limitação: Apesar de seu ideal de abrangência, o design universal pode deixar de atender situações muito específicas, onde a diversidade exige estratégias mais flexíveis.

Design Inclusivo: adaptação, diversidade e equidade

Já o **Design Inclusivo** parte do princípio de que **nem sempre uma única solução será suficiente para contemplar todas as formas de diversidade humana**. Assim, ele incorpora flexibilidade, opções alternativas, personalização e uso de tecnologias assistivas para garantir acessibilidade efetiva.

Exemplo típico: Um aplicativo de leitura que oferece ajuste de contraste, modo noturno, leitura em voz alta e tamanho de fonte variável, atendendo diferentes perfis visuais e cognitivos.

Na IHC, o design inclusivo:

- Reconhece e valoriza as diferenças individuais como fonte de inovação;
- Utiliza dados reais e empatia para projetar para minorias, sem excluir a maioria;
- Envolve usuários com deficiência no processo de cocriação e testes;
- Permite personalizações na interface (ex.: tamanho do texto, modos de navegação);
- Prevê múltiplos canais de comunicação (áudio, texto, vídeo, Libras etc.);
- Integra tecnologias assistivas sem comprometer a usabilidade geral.

O ponto forte do design inclusivo é que ele **não busca neutralizar diferenças, mas acolhê-las**, promovendo equidade em vez de mera igualdade. Conforme destaca Wilson (2015), "o design inclusivo é mais que acessível; ele reconhece e valoriza a diversidade como fonte de inovação".

Quadro 10.1: Comparativo Resumido

Critério	Design Universal	Design Inclusivo
Foco principal	Uma solução para o maior número possível de público.	Estratégias múltiplas para públicos diversos.
Estratégia	Minimiza a necessidade de adaptação.	Assume que adaptações são necessárias.
Base filosófica	Padronização e previsibilidade.	Diversidade, empatia e flexibilidade.
Personalização	Geralmente desnecessária.	Recurso essencial e valorizado.
Exemplos	Rampa de acesso, interface responsiva.	Leitor de tela, teclado virtual adaptado.
Aplicação típica	Infraestrutura, *layout* geral.	Interfaces digitais, conteúdo, experiência.

Fonte: Elaborado pelo autor, 2025.

Portanto, o Design Universal e o Design Inclusivo **não são excludentes**, mas **complementares**. Enquanto o primeiro atua na antecipação e prevenção de exclusões, o segundo avança na construção de soluções adaptáveis, justas e centradas na pluralidade humana. Na prática da IHC, o ideal é combinar ambos: **projetar para todos, mas com abertura para as necessidades de cada um**.

Benefícios do Design para Todos

A adoção dos princípios do **Design para Todos** em projetos digitais transcende a acessibilidade técnica, trazendo benefícios concretos para os usuários, para as organizações e para a sociedade como um todo. Trata-se de um investimento estratégico, ético e sustentável, com impactos diretos sobre a qualidade, o alcance e a legitimidade das soluções tecnológicas.

a. Melhoria da usabilidade geral

Ao projetar sistemas que contemplam diversos perfis humanos desde o início, melhora-se a usabilidade para todos — **inclusive**

usuários sem deficiência. Elementos como linguagem clara, navegação direta, *feedback* visível e organização coerente beneficiam tanto um idoso quanto um usuário avançado.

Exemplo: Legendas automáticas não são úteis apenas para pessoas com deficiência auditiva, mas também para usuários em ambientes ruidosos ou estrangeiros aprendendo o idioma.

b. Redução de custos futuros com adaptações

Investir em acessibilidade e inclusão **desde a fase de projeto** evita custos elevados com retrabalho, correções emergenciais ou necessidade de versões paralelas. Erros de acessibilidade corrigidos após a implementação têm custo significativamente maior (Pressman, 2016).

Exemplo: Um site que nasce compatível com leitores de tela evita reformas completas de código para atender exigências legais ou novos públicos.

c. Conformidade com normas e legislações

Muitos países, inclusive o Brasil (Lei n° 13.146/2015), exigem acessibilidade em sistemas digitais, especialmente no setor público e em grandes corporações. O Design para Todos **antecipadamente atende a normas como a WCAG**, ABNT NBR 17060 e regulações internacionais (ex.: ADA, Section 508).

Isso **reduz riscos jurídicos** e demonstra compromisso com a responsabilidade institucional.

d. Aumento do alcance e da base de usuários

Soluções inclusivas expandem o público-alvo potencial. **Cerca de 1 bilhão de pessoas** no mundo vivem com algum tipo de deficiência (OMS, 2020). Adicionar acessibilidade é também uma estratégia de **ampliação de mercado** e fidelização de públicos historicamente excluídos.

Além disso, usuários idosos, estrangeiros, pessoas com baixo letramento ou condições temporárias também se beneficiam — como mães com uma mão ocupada, usuários em deslocamento ou com baixa conexão de rede.

e. Fortalecimento da imagem institucional e responsabilidade social

Empresas e instituições que adotam o Design para Todos reforçam sua imagem pública como agentes comprometidos com **inclusão, diversidade e equidade**. Esse posicionamento fortalece marcas, gera empatia social e contribui para sua reputação junto a consumidores e parceiros.

Exemplo: O uso de selos de acessibilidade e inclusão digital pode influenciar positivamente a decisão de compra ou o engajamento com a plataforma.

f. Promoção da equidade e dignidade no acesso

O benefício mais profundo do Design para Todos é sua **contribuição para a justiça social**. Ao considerar a diversidade como premissa, ele promove não apenas igualdade de acesso, mas **equidade de uso** — ajustando a experiência às condições reais de cada pessoa.

Isso assegura **a dignidade no uso da tecnologia**, tratando o usuário como cidadão pleno, com direito de acesso à informação, educação, serviços e participação digital.

Casos Reais de Aplicação

Empresas líderes do setor tecnológico têm investido fortemente no Design para Todos como diferencial de mercado e compromisso institucional:

- **Microsoft – *Inclusive Design Toolkit***

A Microsoft desenvolveu um toolkit que propõe criar soluções para "necessidades marginais", baseando-se em **personas reais com deficiência, limitações temporárias ou situacionais**. A abordagem foca em empatia, cocriação e escalabilidade. O toolkit é usado como referência global em cursos e treinamentos de UX.

Princípio-chave: "Resolver para um, ampliar para muitos."

- **Apple – *Acessibilidade Integrada***

A Apple adota o conceito de **design universal nativo**, incorporando ferramentas de acessibilidade diretamente no sistema operacional. Entre os recursos:

- VoiceOver (leitor de tela);
- Siri (comando por voz);
- Controle por gestos;
- Loop auditivo, legendas, inversão de cores e ajuste dinâmico de fontes.

Esses recursos são usados não apenas por pessoas com deficiência, mas também por crianças, idosos e usuários em contextos diversos.

O Design para Todos representa mais que uma técnica — é uma postura ética e estratégica que responde aos desafios de um mundo plural e conectado. Sua aplicação na IHC não apenas melhora sistemas, mas transforma a relação entre tecnologia, inclusão e cidadania.

10.4 TECNOLOGIAS ASSISTIVAS

As **tecnologias assistivas** (TA) são recursos, dispositivos, sistemas ou metodologias que visam **promover ou ampliar as capacidades funcionais de pessoas com deficiência**, permitindo-lhes alcançar maior independência, inclusão social, educacional e profissional. No campo da Interação Humano-Computador, tais tecnologias desempenham papel fundamental na **viabilização do acesso e uso de interfaces digitais** por pessoas com diferentes tipos de limitação física, sensorial ou cognitiva. Como ressaltam Cook e Hussey (2005), a "Tecnologia assistiva é toda tecnologia capaz de compensar uma limitação funcional, permitindo ao indivíduo realizar atividades de forma autônoma e com qualidade."

Classificação das Tecnologias Assistivas

As **tecnologias assistivas** compreendem um conjunto de recursos, dispositivos e sistemas que visam **ampliar, manter ou melhorar as habilidades funcionais de pessoas com deficiência ou limitações temporárias**. Elas possibilitam não apenas o acesso à informação, mas sobretudo a **autonomia, a participação social e a dignidade** do usuário.

Podem ser classificadas segundo a **função que desempenham** ou o tipo de **suporte sensorial, motor, cognitivo ou comunicacional** oferecido. A seguir, apresenta-se uma categorização didática com exemplos concretos:

a. Leitores de Tela (*Screen Readers*)

Transformam o conteúdo da tela em áudio sintetizado, permitindo que usuários cegos ou com baixa visão acessem sistemas operacionais, navegadores e aplicativos.

- Função: Tradução visual → auditiva
- Exemplos:
  - NVDA (gratuito e popular no Windows);
  - JAWS (profissional, com maior compatibilidade);
  - VoiceOver (iOS/macOS);
  - Orca (Linux).

Essencial para navegação por comandos de teclado e leitura sequencial de textos.

b. Ampliadores de Tela (Screen Magnifiers)

Permitem a ampliação de áreas específicas da tela, ajustando **contraste, cor e zoom**, facilitando a leitura por pessoas com baixa visão.

- Exemplos:
  - ZoomText;
  - Lupa do Windows;
  - Ajuste de zoom do macOS e Android.

Recurso vital para usuários com doenças oculares degenerativas.

c. Sistemas de Reconhecimento de Voz

Convertendo **comandos falados em ações computacionais**, permitem a navegação, abertura de aplicativos e digitação de textos sem uso das mãos.

- Exemplos:
  - *Dragon NaturallySpeaking;*

- Comandos de Voz do Google Assistant, Siri (Apple), Alexa (Amazon).

Fundamental para pessoas com deficiência motora, lesões temporárias ou fadiga muscular.

d. Teclados e Mouses Adaptados

Dispositivos físicos com modificações que facilitam o uso por pessoas com limitações motoras, incluindo:

- Teclados com teclas ampliadas ou com cores contrastantes;
- Mouses com controle por joystick, sensores de sopro ou movimento da cabeça;
- *Trackballs* e *touchpads* sensíveis.

Permite acesso físico a sistemas quando os periféricos padrão não são viáveis.

e. Próteses e Interfaces Cérebro-Computador (BCI)

Tecnologias emergentes que permitem o **controle de computadores diretamente pelo cérebro**, com sensores que captam sinais neurais (EEG) e os traduzem em comandos.

- Aplicações:
  - Mobilidade assistida (cadeiras de rodas);
  - Comunicação por pensamento;
  - Robótica e jogos acessíveis.

Área em expansão, promissora para pessoas com paralisias severas.

f. Softwares de Comunicação Alternativa e Aumentativa (CAA)

Sistemas voltados a pessoas com deficiência na fala ou na linguagem oral, permitindo **comunicação por meio de símbolos, pictogramas, texto ou sintetizador de voz**.

- Exemplos:
  - Livox (brasileiro, usado na educação especial);
  - Cboard (*software online* e *open source*).

Essencial para autismo, paralisia cerebral, afasia e síndromes neurológicas.

g. Linhas Braille

Dispositivos que reproduzem o conteúdo textual da tela em **células Braille táteis**, atualizadas dinamicamente.

- Funcionamento: conexão via USB/*Bluetooth* com leitores de tela;
- Usuários: pessoas cegas alfabetizadas em Braille.

Integração ideal com educação, leitura e escrita digital em Braille.

h. Sistemas de Legenda e Transcrição Automática

Convertem automaticamente áudio e fala em texto, oferecendo legendas sincronizadas em vídeos, chamadas e conferências *online*.

- Exemplos:
  - Legendas automáticas do YouTube;
  - Google Meet / Zoom (legendas em tempo real);
  - Otter.ai, Microsoft Teams.

Importante para pessoas com surdez, deficiência auditiva e contextos com ruído ambiental.

i. Dispositivos Táteis e Vibrotáteis

Dispositivos que oferecem *feedback* **por vibração ou resposta tátil**, usados em:

- *Smartphones* e *smartwatches*;
- Jogos acessíveis;
- Mapas táteis ou interfaces sensoriais.

Úteis para surdo-cegos ou usuários com deficiência sensorial mista.

Conforme afirma Bersch (2010), "as tecnologias assistivas não são apenas facilitadoras do acesso: elas são também ferramentas de autonomia, cidadania e dignidade." A diversidade de tecnologias assistivas reflete a pluralidade das **necessidades humanas e contextos de uso**. Ao serem integradas de forma planejada em sistemas interativos, elas deixam de ser meros "acessórios" e tornam-se **elementos estruturais de inclusão e equidade digital**. Para profissionais de IHC, compreendê-las e aplicá-las é um compromisso com a inovação ética e responsável.

Integração com Interfaces Digitais

A efetividade das tecnologias assistivas depende diretamente da qualidade técnica e semântica das interfaces digitais às quais elas se conectam. Um leitor de tela, por exemplo, só poderá fornecer uma experiência satisfatória se a aplicação *web* ou *software* estiver estruturado para fornecer informações claras, ordenadas e compreensíveis por máquinas.

Assim, a integração entre interface digital e tecnologia assistiva exige boas práticas de codificação, design inclusivo e conformidade com padrões internacionais de acessibilidade, como as Diretrizes de Acessibilidade para Conteúdo *Web* (WCAG) do W3C.

a. Uso correto de tags HTML e estrutura de cabeçalhos

O uso adequado de marcação semântica (ex.: <h1>, <h2>, <nav>, <main>, <section>, <article>) permite que leitores de tela e navegadores identifiquem a hierarquia e a lógica do conteúdo.

b. Descrições alternativas para imagens (atributo *alt*)

Toda imagem relevante ao conteúdo deve conter um atributo *alt* descritivo e claro, que explique a função ou o significado visual da imagem.

c. Formulários acessíveis (labels associados)

Cada campo de formulário deve conter um rótulo (<label>) explicitamente associado ao campo correspondente. Isso garante que tecnologias assistivas identifiquem corretamente o propósito de cada campo.

d. Navegação por teclado com foco visível

Toda interface deve permitir navegação completa por teclado com indicador visual de foco, como contorno, sombra ou sublinhado, visível durante o uso.

e. *Feedback* textual e sonoro nas interações

Sistemas devem oferecer respostas claras e acessíveis a ações do usuário, como envio de formulário, erros de validação ou sucesso em comandos.

f. Controle de foco, contraste e escalabilidade do conteúdo

O conteúdo deve ser escalável, com contraste adequado e controlado por CSS em vez de imagens, garantindo compatibilidade com leitores e lupas.

Lauria e Mendes (2021) afirmam que "o sucesso da tecnologia assistiva depende da acessibilidade da interface à qual ela se conecta." A integração entre tecnologia assistiva e interface digital não é automática nem garantida: ela depende de decisões técnicas e de projeto centradas na acessibilidade. Ignorar esses aspectos compromete a experiência do usuário e viola princípios éticos e legais.

Portanto, para que sistemas sejam realmente acessíveis, não basta apenas "suportar leitores de tela" ou "incluir uma lupa digital": é necessário projetar interfaces acessíveis de origem, com estrutura clara, conteúdo semanticamente rico e controle adaptativo de interação.

Desafios na Implementação

Apesar dos avanços significativos no desenvolvimento de tecnologias assistivas e nas políticas de inclusão digital, sua aplicação prática ainda enfrenta **desafios estruturais, técnicos, econômicos e culturais**. Esses obstáculos comprometem a efetividade de soluções acessíveis e restringem o alcance do design inclusivo na Interação Humano-Computador (IHC).

1. Interfaces mal desenvolvidas e fora dos padrões

Um dos principais entraves à integração das tecnologias assistivas está na **má qualidade das interfaces digitais**. Muitos sistemas são construídos sem atenção às diretrizes de acessibilidade, como as normas WCAG, e apresentam problemas como falta de estrutura semântica, ausência de rótulos em formulários, contraste inadequado e navegação restrita por teclado.

Essas falhas tornam as tecnologias assistivas, como leitores de tela ou ampliadores, **ineficientes ou inoperantes**, mesmo que estejam corretamente instaladas.

2. Falta de conhecimento técnico entre desenvolvedores

A formação de profissionais da computação e do design de interfaces ainda negligencia, em muitos casos, os aspectos relacionados à acessibilidade digital. Desenvolvedores sem conhecimento específico **reproduzem práticas excludentes** e não sabem como implementar recursos compatíveis com dispositivos assistivos. Esse desconhecimento pode ser agravado por prazos curtos, falta de prioridade institucional ou ausência de testes com usuários reais.

3. Alto custo de dispositivos e *softwares* assistivos

Alguns recursos, embora tecnologicamente eficazes, **ainda são financeiramente inacessíveis** para grande parte da população. Dispositivos como linhas Braille ou *softwares* proprietários de leitura de tela (ex.: JAWS) apresentam custos elevados, especialmente em países com desigualdades socioeconômicas.

Esse fator limita o uso individual e institucional das tecnologias, restringindo sua aplicação em larga escala, especialmente na educação pública e em ambientes de trabalho.

4. Falta de treinamento e suporte técnico

Mesmo quando os dispositivos estão disponíveis, **a ausência de capacitação adequada** impede seu uso efetivo. Usuários finais, educadores, atendentes e técnicos frequentemente **não recebem orientação suficiente sobre configuração, manutenção ou integração dos recursos assistivos aos sistemas utilizados.** Esse cenário gera frustração, subutilização dos recursos e dependência de terceiros.

5. Barreiras atitudinais e culturais

A acessibilidade digital não depende apenas da infraestrutura técnica, mas também de **atitudes e valores sociais**. Muitas vezes, a deficiência é tratada com indiferença, paternalismo ou invisibilidade dentro de instituições, equipes de projeto e ambientes de ensino. Essa cultura de exclusão naturaliza a ausência de recursos assistivos e **dificulta sua priorização** em projetos, orçamentos e políticas públicas.

Superar os desafios na implementação de tecnologias assistivas exige uma abordagem multidisciplinar e comprometida. Mais do que disponibilizar ferramentas, é necessário **planejar sistemas compatíveis, investir na formação técnica e promover mudanças culturais**. No contexto da IHC, isso significa projetar interfaces desde o início com base na acessibilidade, garantir testes com usuários reais e adotar padrões reconhecidos internacionalmente. Dessa forma, a inclusão tecnológica efetiva depende da **articulação entre projeto, formação, políticas públicas e consciência ética**.

Tendências e Inovações em Tecnologias Assistivas

A constante evolução da Interação Humano-Computador (IHC), impulsionada por avanços em inteligência artificial (IA), machine learning, sensores inteligentes e computação ubíqua, está ampliando de forma significativa o alcance, a sofisticação e a personalização das tecnologias assistivas.

Mais do que ferramentas de compensação, essas tecnologias estão se transformando em **soluções proativas, preditivas e adaptativas**, promovendo experiências digitais que não apenas incluem, mas **antecipam e respondem às necessidades individuais** de cada usuário.

A seguir, destacam-se algumas das principais tendências e inovações atuais:

1. Interfaces Multimodais

As interfaces multimodais integram **múltiplas formas de entrada e saída**, como voz, toque, gestos, visão computacional e comandos táteis. Isso permite que usuários escolham ou combinem diferentes modos de interação, de acordo com suas habilidades, contexto ou preferências.

Exemplos práticos:

- Navegação por comandos de voz combinada com gestos faciais em dispositivos móveis.
- Sistemas que detectam o olhar (*eye-tracking*) e acionam comandos sem toque.

- Softwares de leitura em voz alta sincronizados com *feedback* vibratório.

Essa abordagem favorece pessoas com deficiências múltiplas ou com limitação temporária de um dos sentidos, criando **experiências mais fluidas, naturais e inclusivas.**

2. Assistentes Virtuais Personalizados

Combinando IA, processamento de linguagem natural (PLN) e análise de dados de uso, os assistentes virtuais têm se tornado **mais responsivos, empáticos e adaptáveis.** A personalização por perfil de usuário permite que esses agentes aprendam padrões de interação, preferências e vocabulário específicos, oferecendo suporte contextualizado.

Cenários de aplicação:

- Usuários com deficiência intelectual que recebem instruções passo a passo simplificadas e repetidas conforme seu ritmo;
- Pessoas com limitações motoras que controlam agendas, eletrodomésticos e aplicativos por meio de voz ou variações sutis de movimento.

Essa tecnologia amplia o conceito de autonomia assistida e tem forte potencial educacional, terapêutico e ocupacional.

3. Interfaces Adaptativas

Interfaces adaptativas utilizam modelos de aprendizado de máquina para **ajustar sua apresentação, conteúdo e estrutura conforme o comportamento, desempenho e preferências do usuário.** São sistemas que se moldam continuamente, respeitando o tempo, o estilo e as necessidades da pessoa.

Exemplo: um sistema de leitura que identifica que o usuário leva mais tempo para processar certos trechos e adapta o ritmo da leitura em voz alta, o tamanho da fonte ou a estrutura dos parágrafos.

Essas soluções buscam **minimizar o esforço cognitivo e maximizar a eficiência**, especialmente em ambientes educacionais e profissionais.

4. *Wearables* Acessíveis

Dispositivos vestíveis (*wearables*) têm se consolidado como uma **plataforma promissora para acessibilidade em tempo real**. Equipados com sensores, microfones, alto-falantes e motores de vibração, esses dispositivos ampliam os canais de interação com o ambiente e com sistemas digitais.

Exemplos inovadores:

- Relógios inteligentes com alertas vibratórios para pessoas surdas;
- Pulseiras táteis que orientam usuários cegos em ambientes urbanos com GPS vibracional;
- Fones de ouvido com inteligência artificial que transcrevem falas em tempo real e realizam tradução simultânea com legendas.

Esses recursos estão sendo incorporados em ambientes escolares, transporte público, saúde e lazer, **promovendo inclusão em situações cotidianas.**

5. Realidade Aumentada (RA) e Realidade Virtual (RV) com Acessibilidade

As tecnologias de RA e RV, tradicionalmente associadas ao entretenimento, têm ganhado destaque como ferramentas educacionais e de reabilitação **quando projetadas com recursos acessíveis**. A imersão digital, combinada com ajustes de contraste, audiodescrição, navegação por voz ou comandos alternativos, cria experiências seguras e envolventes para pessoas com deficiência.

Aplicações emergentes:

- Treinamento de habilidades sociais para pessoas com autismo em ambientes simulados;
- Reabilitação motora gamificada com sensores de movimento;
- Museus e exposições virtuais com rotas acessíveis, legendas e Libras incorporadas.

A adoção de RA/RV acessível exige padronização de APIs, uso de metadados e design centrado na diversidade humana desde as fases iniciais de projeto.

Interdisciplinaridade como Fundamento

O desenvolvimento e implementação dessas inovações requer uma **abordagem verdadeiramente interdisciplinar**. Não basta dominar as ferramentas tecnológicas: é necessário compreender os contextos sociais, pedagógicos, psicológicos e ergonômicos em que essas tecnologias serão aplicadas.

Entre os profissionais envolvidos, destacam-se:

- Computação e Engenharia: desenvolvimento dos sistemas e dispositivos;
- Design e UX: concepção de interfaces sensíveis e usáveis;
- Psicologia e Educação: compreensão do comportamento e da aprendizagem.
- Fonoaudiologia, Terapia Ocupacional, Fisioterapia: avaliação das necessidades funcionais específicas;
- Ergonomia e Antropometria: adaptação dos dispositivos ao corpo e ao uso real.

As tendências em tecnologias assistivas apontam para um futuro **mais responsivo, adaptável e humanizado**, em que as barreiras de acesso são progressivamente superadas por soluções integradas, personalizadas e inteligentes. No campo da IHC, isso exige um novo paradigma: **projetar não apenas para todos, mas com todos**, incorporando a diversidade desde a concepção até a avaliação dos sistemas.

Políticas Públicas e Inclusão Digital

A construção de uma sociedade digital mais justa e inclusiva exige **ações concretas e sistemáticas por parte do poder público e das instituições sociais**. A efetiva implementação de tecnologias assistivas e de acessibilidade digital **não pode depender apenas da iniciativa privada ou de esforços isolados**. Cabe ao Estado garantir que os direitos das pessoas com deficiência ou em situação de exclusão digital sejam assegurados por meio de políticas públicas consistentes, abrangentes e sustentáveis.

A seguir, são apresentados os principais eixos de atuação governamental e institucional:

1. Financiamento de Pesquisa e Desenvolvimento (P&D)

O incentivo à inovação tecnológica é fundamental para a evolução das tecnologias assistivas. **Financiamentos públicos, editais e bolsas** destinados a projetos de pesquisa em acessibilidade digital contribuem para a criação de soluções mais eficazes, acessíveis e adaptadas à realidade local.

Exemplo: Programas da FINEP, CNPq e CAPES que apoiam estudos sobre leitura automatizada, interfaces inclusivas, gamificação para reabilitação e dispositivos de baixo custo.

Esses investimentos **viabilizam parcerias entre universidades, centros de tecnologia e startups sociais**, gerando impacto social positivo.

2. Subsídios e Incentivos à Aquisição de Dispositivos

Muitos dispositivos assistivos — como leitores de tela profissionais, linhas Braille, fones com transcrição embutida e *softwares* especializados — têm **custos elevados e são inacessíveis para grande parte da população**. Políticas de subsídio ou isenção fiscal permitem que esses recursos cheguem às mãos de quem realmente precisa.

Formas de apoio:

- Programas de gratuidade para pessoas com deficiência inscritas em programas sociais;
- Inclusão de tecnologias assistivas na lista de itens do SUS ou de convênios de saúde;
- Isenção de impostos (como IPI, ICMS) para compra de dispositivos.

3. Adoção de Acessibilidade nos Sistemas Públicos

A obrigatoriedade da acessibilidade em **portais, aplicativos, serviços digitais e equipamentos do governo** é uma medida estratégica que garante o acesso universal aos direitos básicos, como saúde, educação, previdência e cidadania.

No Brasil, a **Lei Brasileira de Inclusão (Lei nº 13.146/2015)** e o **Decreto nº 5.296/2004** exigem que órgãos públicos adotem **critérios de acessibilidade digital**, com base nas diretrizes internacionais (como WCAG do W3C).

Isso significa que ***sites* governamentais, sistemas de matrícula, concursos públicos e plataformas de serviços devem ser acessíveis a todos**, incluindo leitores de tela, navegação por teclado, contraste ajustável e legendas em vídeos institucionais.

4. Formação de Profissionais da Educação e Tecnologia

A qualificação de docentes, programadores, designers, gestores públicos e profissionais da saúde em **acessibilidade digital e uso de tecnologias assistivas** é indispensável. Políticas públicas eficazes incluem ações formativas, como:

- Inclusão de acessibilidade nos currículos da graduação em Computação, Pedagogia e Design;
- Cursos de capacitação para professores da educação básica sobre inclusão digital;
- Certificações e programas de atualização técnica para servidores públicos.

A formação continuada permite que a tecnologia assistiva **seja aplicada corretamente nos contextos educacionais, sociais e administrativos.**

5. Criação e Manutenção de Centros de Tecnologia Assistiva

Centros especializados funcionam como **espaços de apoio, formação, orientação e experimentação de tecnologias assistivas.** São locais abertos à comunidade, onde usuários podem conhecer dispositivos, testar soluções e receber suporte técnico ou educacional.

Exemplos de referência no Brasil:

- Centro de Tecnologia e Inclusão (USP): vinculado à Faculdade de Educação, promove pesquisas e oficinas com foco em inclusão escolar e digital;

- Instituto Benjamin Constant (RJ): referência nacional em educação de pessoas com deficiência visual, com atuação na produção de material acessível e formação de professores;
- Centros de Apoio Pedagógico (CAPs): presentes em diversas regiões, oferecem suporte a escolas públicas.

Esses centros cumprem um papel fundamental na **intermediação entre a tecnologia e as necessidades reais das pessoas**, conectando políticas públicas à vida cotidiana dos usuários.

Casos e Programas Federais Relevantes

- Programa Nacional de Tecnologia Assistiva: visa promover o acesso a produtos e serviços assistivos por meio da articulação entre governo, indústria e academia;
- Programa Escola Acessível: distribui recursos e orientações para que escolas públicas se tornem mais inclusivas, incluindo recursos digitais e físicos;
- Plataformas acessíveis do governo federal: como o Gov.br, ENEM acessível e o Sisu com tradução em Libras e suporte a leitores de tela.

A inclusão digital não é apenas um desafio técnico, mas um **imperativo social e político**. A atuação governamental coordenada em acessibilidade digital e tecnologias assistivas **reconhece a tecnologia como meio de inclusão, não como barreira**. Isso requer investimento, regulamentação, fiscalização e, sobretudo, **compromisso ético com os direitos humanos e com a justiça digital**.

A integração de políticas públicas com ações educativas, tecnológicas e sociais é o caminho para garantir que ninguém seja deixado para trás na era da informação.

Questões – Capítulo 10: Acessibilidade e Design Inclusivo

1) O que significa acessibilidade digital no contexto da Interação Humano-Computador?

2) Quais tipos de deficiência são contemplados pelas diretrizes de acessibilidade digital?
3) Qual é a importância de considerar acessibilidade desde as etapas iniciais de um projeto?
4) Quais são as diretrizes internacionais mais conhecidas para acessibilidade digital e quem as publica?
5) Como tecnologias assistivas, como leitores de tela, impactam o design inclusivo?
6) O que são barreiras digitais e como elas afetam usuários com deficiência?
7) Como a acessibilidade digital beneficia não apenas pessoas com deficiência, mas também outros usuários?
8) Quais são exemplos práticos de boas práticas para garantir acessibilidade em sites e aplicativos?
9) Como validar a acessibilidade de uma interface digital com usuários reais?
10) Qual é a relação entre acessibilidade digital e responsabilidade ética no design de sistemas?

CAPÍTULO 11 – EXPERIÊNCIA DO USUÁRIO (UX) E FATORES HUMANOS

11.1 DIFERENÇA ENTRE UX E USABILIDADE

A evolução das tecnologias interativas ampliou as exigências dos usuários e transformou a forma como sistemas computacionais são projetados. Nesse contexto, **usabilidade** e **experiência do usuário (UX)** emergem como conceitos centrais na área da Interação Humano-Computador (IHC), muitas vezes confundidos, mas com **naturezas distintas e complementares**. Nesse sentido, Norman (2004) ressalta que "enquanto a usabilidade é uma condição necessária, a experiência do usuário é o objetivo final."

Conceito de Usabilidade

De acordo com a norma **ISO 9241-11:2018**, usabilidade é definida como a **extensão na qual um sistema pode ser usado por usuários específicos para atingir objetivos específicos com eficácia, eficiência e satisfação em um contexto de uso especificado**.

Os três pilares clássicos da usabilidade são:

- Eficiência: rapidez com que os usuários realizam tarefas;
- Eficácia: grau de precisão e completude das tarefas executadas;
- Satisfação: conforto e aceitação do sistema pelos usuários.

A usabilidade, portanto, tem um caráter **funcional e objetivo**, focado na **qualidade da interação** com a interface, minimizando erros, sobrecarga cognitiva e frustração.

Vale destacar que "um sistema com boa usabilidade deve ser fácil de aprender, fácil de usar e fácil de lembrar." (Nielsen, 1993)

Conceito de Experiência do Usuário (UX)

Já a **Experiência do Usuário** (*User Experience* - UX) é um conceito mais amplo, subjetivo e multidimensional, que envolve **todas as percepções, emoções, atitudes e respostas** que surgem da interação do usuário com um sistema, produto ou serviço.

Segundo a norma **ISO 9241-210:2010**, UX é definida como: "as percepções e respostas de uma pessoa resultantes do uso e/ou da antecipação do uso de um produto, sistema ou serviço."

Diferente da usabilidade, que se concentra nas propriedades da interface, a UX inclui **aspectos emocionais, contextuais, estéticos, sociais e até simbólicos** da interação. Conforme explicado por Garrett (2011), "a experiência do usuário começa antes do primeiro clique e termina muito depois do último."

Quadro 11.1: Comparação entre Usabilidade e UX

Aspecto	Usabilidade	Experiência do Usuário (UX)
Foco	Eficiência, eficácia e satisfação funcional.	Emoções, percepções, atitudes e valores.
Natureza	Objetiva, mensurável.	Subjetiva, contextual.
Temporalidade	Durante a interação.	Antes, durante e depois da interação.
Abrangência	Parte do sistema.	Toda a jornada do usuário.
Avaliação	Testes com tarefas específicas.	Estudos etnográficos, entrevistas, mapas de jornada.

Fonte: Elaborado pelo autor, 2025.

A Interseção entre os Conceitos

Embora distintos, os conceitos de usabilidade e UX são **interdependentes**. A boa usabilidade é **pré-requisito para uma experiência positiva**, mas não garante, por si só, uma UX memorável. Uma interface pode ser tecnicamente usável, mas emocionalmente pobre, gerando uma experiência indiferente. Hassenzahl (2010) resume bem essa ideia: "usabilidade sem emoção é funcionalidade sem fidelização."

Evolução Histórica

Historicamente, a IHC começou com forte foco em usabilidade, influenciada pela ergonomia e pela engenharia cognitiva. A partir dos anos 2000, com a popularização da internet e dos *smartphones*, o termo UX ganhou força, impulsionado por autores como Don Norman, Jesse James Garrett e Marc Hassenzahl.

Hoje, **UX é uma disciplina estratégica**, presente em empresas, *startups*, equipes de design e desenvolvimento, marketing e até gestão de produtos. Ela amplia a visão do design, conectando **necessidades humanas e objetivos de negócio**.

Implicações para a IHC

Compreender a distinção entre usabilidade e UX permite aos profissionais de IHC adotar abordagens mais holísticas. Isso implica:

- Realizar pesquisas com usuários desde as fases iniciais;
- Mapear jornadas completas, e não apenas fluxos de interface;
- Avaliar aspectos emocionais, motivacionais e culturais;
- Projetar para o prazer, significado e valor percebido;
- Medir satisfação contínua, e não apenas desempenho de tarefas.

11.2 EMOÇÕES E COMPORTAMENTO DO USUÁRIO

As emoções são importantes na interação humano-computador, influenciando **como os usuários percebem, interpretam e avaliam suas experiências** com sistemas digitais. O campo da **psicologia afetiva**, que estuda o papel das emoções na cognição e no comportamento, tornou-se fundamental para a IHC nas últimas décadas.

Norman (2004) reforça essa perspectiva quando afirma que "o que sentimos ao usar um produto é tão importante quanto o que conseguimos fazer com ele."

A Dimensão Afetiva da IHC

Tradicionalmente, a usabilidade preocupava-se com **tarefas funcionais**, como reduzir erros, aumentar eficiência e facilitar o aprendizado. No entanto, os avanços tecnológicos, a ubiquidade das interfaces e a humanização do design fizeram emergir uma nova preocupação: **como as interfaces fazem os usuários se sentirem.**

A **experiência emocional** passou a ser reconhecida como um fator essencial para:

- A aceitação e adoção de novas tecnologias;
- A fidelização do usuário ao produto ou marca;
- O engajamento em sistemas de uso contínuo (apps, jogos, redes sociais);
- A eficácia da comunicação digital.

"A emoção não é um detalhe no design. Ela é parte da funcionalidade." (Hassenzahl, 2010)

Tipos de Emoções na Interação

As emoções são essenciais na experiência do usuário e influenciam diretamente a forma como os sistemas são percebidos, utilizados e avaliados. Durante a interação com interfaces digitais, os usuários podem experimentar uma ampla gama de emoções, que afetam tanto o desempenho nas tarefas quanto a aceitação da tecnologia.

Emoções Positivas incluem:

- Prazer: gerado por uma interação fluida e estética agradável;
- Surpresa: ao descobrir funcionalidades inesperadas, úteis ou encantadoras;
- Admiração: diante de inovações tecnológicas ou designs criativos;
- Confiança: quando o sistema demonstra estabilidade e previsibilidade;

- Sensação de domínio: quando o usuário sente que tem controle sobre a interface.

Emoções Negativas incluem:

- Frustração: provocada por erros recorrentes ou falta de resposta;
- Raiva: quando o sistema não respeita comandos ou perde informações;
- Confusão: causada por *layout* desorganizado ou instruções ambíguas;
- Tédio: em sistemas lentos ou sem estímulo visual;
- Ansiedade: quando há incerteza sobre as consequências das ações.

Essas emoções não surgem isoladamente, mas são **respostas afetivas** a elementos específicos da interface, tais como:

***Feedback* visual e sonoro**: animações, alertas ou confirmações sonoras impactam diretamente o estado emocional;

Tempo de resposta do sistema: atrasos sem justificativa geram impaciência e insegurança;

Nível de desafio e complexidade: interfaces intuitivas promovem confiança; já as excessivamente técnicas provocam rejeição;

Estética e organização do conteúdo: uma interface visualmente poluída ou caótica tende a gerar desorientação e incômodo.

Exemplos práticos:

Um sistema que exibe uma animação suave ao concluir uma tarefa transmite **satisfação e clareza**. Já uma tela de carregamento sem indicador de progresso pode gerar **insegurança e frustração**, especialmente em contextos de tempo sensível.

O design emocional, conforme defendido por autores como Don Norman (2004), destaca que **a experiência bem-sucedida deve ativar simultaneamente níveis viscerais, comportamentais e reflexivos**, combinando apelo visual, eficácia funcional e significado subjetivo.

Assim, considerar as emoções no projeto de interfaces não é apenas uma questão estética, mas estratégica: **um sistema emocionalmente inteligente fideliza, engaja e transforma a experiência em valor percebido.**

Modelos Teóricos

a) Modelo de Processamento Emocional de Norman

Don Norman propôs em sua obra *Emotional Design* (2004) um modelo com três níveis de processamento que influenciam a experiência do usuário:

1. **Visceral:** respostas automáticas e instintivas (ex.: estética da interface);
2. **Comportamental:** prazer no uso eficiente (ex.: fluidez das interações);
3. **Reflexivo:** avaliação consciente e simbólica (ex.: identificação com a marca).

O autor destaca que "o design bem-sucedido emocional ativa os três níveis: agrada, funciona e permanece na memória." (Norman, 2004)

b) Modelo Hedônico vs. Utilitário (Hassenzahl)

Marc Hassenzahl diferencia os **aspectos utilitários** (relacionados à tarefa e usabilidade) dos **aspectos hedônicos** (relacionados à identidade, prazer e estímulo). Segundo ele, um bom produto deve satisfazer **necessidades pragmáticas e emocionais**. "Produtos excelentes são mais do que ferramentas funcionais; eles comunicam identidade, pertencimento e prazer." (Hassenzahl, 2010)

Emoções e Tomada de Decisão

Estudos em neurociência e psicologia cognitiva têm evidenciado que as emoções não apenas influenciam, mas são **essenciais** para o processo de tomada de decisão. Autores como António Damásio (1994), em sua obra *O Erro de Descartes*, demonstram que indivíduos com danos nas áreas cerebrais responsáveis pelas emoções têm dificuldades em tomar decisões, mesmo quando suas capacidades racionais estão preservadas. Isso reforça que o raciocínio lógico e o julgamento dependem de uma base emocional para ocorrer de forma eficiente.

No contexto da Interação Humano-Computador (IHC), essa constatação tem implicações diretas no design de interfaces e na experiência do usuário:

- Interfaces agradáveis – que proporcionam *feedback* claro, estética harmoniosa e sensação de controle – favorecem a continuidade do uso e a fidelização do usuário, pois despertam emoções como prazer, segurança e confiança;
- Interfaces frustrantes ou confusas, por outro lado, desencadeiam emoções negativas como raiva, ansiedade e desamparo, aumentando a taxa de abandono, especialmente em ambientes altamente competitivos, como aplicativos móveis, plataformas de e-commerce e serviços digitais;
- Estímulos positivos, como microinterações satisfatórias, elogios visuais, mensagens de encorajamento ou sensação de progresso, reforçam o comportamento desejado, seja concluir uma tarefa, efetuar uma compra, recomendar um serviço ou retornar ao sistema futuramente.

Esses princípios são amplamente explorados em **interfaces gamificadas**, que utilizam estratégias motivacionais como:

- Recompensas imediatas (badges, pontos, conquistas);
- Desafios progressivos, que mantêm o usuário em estado de "fluxo" (Csikszentmihalyi, 1990);
- *Feedback* positivo contínuo, que reforça o comportamento de sucesso e reduz o impacto de erros.

Podemos exemplificar com **aplicativos de aprendizagem,** como Duolingo, que mantêm o usuário engajado por meio de animações simpáticas, trilhas sonoras motivacionais, lembretes personalizados e metas diárias — todos projetados para evocar emoções positivas que sustentam o hábito.

Além disso, **sistemas voltados à saúde, finanças e educação** têm se beneficiado da compreensão emocional ao projetar alertas não intrusivos, mensagens empáticas e visualizações que transmitem progresso e controle ao usuário.

Em síntese, a **decisão de continuar usando um sistema, confiar em seus dados, ou recomendá-lo a outros** é tão emocional quanto lógica. Reconhecer e projetar para esse fator é fundamental para criar **sistemas não apenas funcionais, mas emocionalmente sustentáveis**, que respeitam e ampliam a capacidade humana de decidir com segurança, prazer e propósito.

Métodos para Avaliar Emoções

A avaliação emocional na Interação Humano-Computador (IHC) busca compreender não apenas *o que* os usuários fazem, mas *como se sentem* ao interagir com um sistema. Diferente das métricas tradicionais de usabilidade, que medem eficiência e eficácia, os métodos de avaliação emocional se concentram nas **respostas afetivas**, subjetivas ou fisiológicas, que emergem durante a experiência. A seguir, são apresentados os principais métodos utilizados:

1. Autorrelato

Método mais direto e acessível, o autorrelato permite que o próprio usuário expresse suas emoções por meio de:

- Diários de uso: registros espontâneos ao longo do tempo sobre sentimentos e percepções;
- Entrevistas qualitativas: exploram motivações, frustrações e satisfação;
- Escalas de humor: como o SAM (*Self-Assessment Manikin*) ou PANAS, que capturam dimensões como valência (prazer) e ativação (excitação).

Vantagens: fácil aplicação, baixo custo, útil para identificar nuances emocionais.

Limitações: sujeito a vieses de memória, linguagem e autocensura.

2. Análise Facial

Técnicas de reconhecimento facial, como o **FaceReader** ou APIs de detecção de emoções da Microsoft e Google, identificam expressões faciais espontâneas ligadas a emoções básicas (alegria, tristeza, raiva, medo, surpresa, desprezo).

Aplicações: muito úteis em testes de usabilidade presenciais ou remotos com vídeo.

Limitações: suscetíveis a interferência cultural, iluminação e ambiguidade emocional.

3. Mensuração Fisiológica

A análise de sinais fisiológicos fornece dados objetivos sobre a reação emocional do usuário, incluindo:

- Frequência cardíaca e variabilidade (stress, excitação);
- Condutância da pele (GSR), que revela níveis de ativação emocional;
- Eletroencefalografia (EEG), para identificar engajamento cognitivo e estados emocionais.

Indicado para: laboratórios de pesquisa, ambientes imersivos, jogos e RV.

Desvantagem: exige equipamentos especializados e interpretação cuidadosa dos dados.

4. Mapas de Empatia

É uma ferramenta qualitativa usada principalmente em *workshops* de design centrado no usuário, que explora:

- O que o usuário vê, ouve, pensa e sente;
- Quais são suas dores e ganhos emocionais durante a interação.

Esse recurso é útil para equipes multidisciplinares entenderem o usuário de forma holística.

Embora não forneça uma medida direta, contribui para o alinhamento empático no design.

5. E-UX Scales (Emotional UX Scales)

São escalas padronizadas desenvolvidas especificamente para medir a **experiência emocional** com interfaces digitais. Entre as mais conhecidas:

- AttrakDiff: diferencia percepções pragmáticas (utilidade, funcionalidade) e hedônicas (prazer, identidade);
- UES (*User Experience Questionnaire*): abrange atratividade, clareza, eficiência, dependência, estimulação e novidade;
- Affect Grid, para avaliação rápida de estados emocionais em dois eixos: prazer/desprazer e ativação/desativação.

Vantagens: comparabilidade entre projetos e resultados quantificáveis. *Limitações*: ainda dependem de autorrelato.

Esses métodos, quando combinados (triangulação), oferecem uma visão **mais robusta e precisa da experiência emocional do usuário**. A escolha depende dos objetivos da pesquisa, recursos disponíveis e contexto da interação. Na IHC contemporânea, entender as emoções não é apenas desejável — é essencial para criar interfaces que respeitem a complexidade humana e promovam experiências memoráveis.

Emoção, Marca e Longevidade da Experiência

As emoções vivenciadas pelos usuários durante a interação com um sistema não apenas moldam sua experiência imediata, mas também influenciam profundamente a **memória afetiva** da marca. Na Interação Humano-Computador (IHC), esse vínculo emocional pode ser o diferencial entre um uso pontual e um relacionamento duradouro com um produto ou serviço.

Emoção como vetor de identidade e valor percebido

A psicologia do consumo e o design emocional (Norman, 2004) demonstram que os usuários **lembram mais do que sentiram do que do que fizeram**. Isso significa que a qualidade funcional de uma interface pode ser esquecida, mas a emoção despertada por ela — seja positiva ou negativa — tende a permanecer e influenciar decisões futuras.

Interfaces que provocam **emoções positivas**, como prazer estético, senso de controle, surpresa agradável ou identificação simbólica, tendem a:

- Gerar boca a boca positivo: usuários emocionados compartilham espontaneamente suas experiências, especialmente em redes sociais, fóruns e avaliações públicas;
- Promover reengajamento: emoções agradáveis criam o desejo de reviver a experiência, fortalecendo o retorno voluntário ao sistema;
- Aumentar a fidelidade e a recomendação: quanto mais emocionalmente satisfatória for a interação, maior a chance de o usuário preferir aquela marca, mesmo diante de alternativas funcionalmente equivalentes.

A emoção como parte do valor de marca

Empresas líderes em experiência do usuário têm compreendido que **a emoção é parte estratégica do branding digital**. Exemplos notórios incluem:

- Apple: investe em minimalismo visual, transições suaves e microinterações sofisticadas que transmitem elegância e controle, associando a marca a sensações de exclusividade, simplicidade e inovação;
- Google: prioriza respostas rápidas, interfaces limpas e *feedback* visual discreto, reforçando uma imagem de eficiência, confiabilidade e leveza;

- Spotify: combina personalização emocional (*playlists* personalizadas como "Descobertas da Semana" ou "Retrospectiva do Ano") com design lúdico e fluido, gerando forte engajamento afetivo com o conteúdo.

Longevidade da experiência: além da primeira impressão

A longevidade da experiência refere-se à **capacidade de uma interface continuar relevante, memorável e emocionalmente significativa ao longo do tempo**. Isso depende da capacidade do sistema de:

- Adaptar-se às mudanças de contexto e preferências do usuário;
- Oferecer novidades emocionantes sem comprometer a familiaridade;
- Manter um tom emocional consistente com os valores da marca.

De acordo com Hassenzahl (2010), "interfaces emocionalmente inteligentes tornam-se parte da vida do usuário, não apenas ferramentas ocasionais."

Conclusão

A emoção, portanto, não é um adereço superficial do design — ela é **um ativo estratégico de marca**, que afeta a percepção de valor, o comportamento futuro e a construção de relações duradouras entre pessoas e tecnologias. Projetar com emoção é projetar com memória, significado e impacto cultural. Na era da economia da experiência, **quem emociona, permanece.**

11.3 ERGONOMIA COGNITIVA E FÍSICA

A ergonomia, também chamada de **fatores humanos**, é a ciência que estuda as **capacidades e limitações humanas** com o objetivo de otimizar a relação entre pessoas, máquinas, sistemas e ambientes. No contexto da IHC, a ergonomia fornece fundamentos essenciais para o **desenho de interfaces que respeitem o funcionamento físico e cognitivo do ser humano**, promovendo conforto, eficiência e segurança.

"Projetar com base na ergonomia é projetar para o ser humano real, e não para um ideal estatístico." (Sanders; Mccormick, 1993)

Ergonomia Física

A **ergonomia física** é um dos pilares fundamentais da Interação Humano-Computador (IHC), especialmente relevante na era da ubiquidade digital, onde usuários interagem com sistemas em múltiplos dispositivos e por longos períodos. Trata-se do estudo e aplicação dos princípios **biomecânicos, antropométricos e fisiológicos** para adequar o ambiente tecnológico ao corpo humano, promovendo conforto, segurança e desempenho sustentável.

Principais Fatores da Ergonomia Física:

1. Postura e posicionamento corporal

A maneira como o corpo é posicionado durante o uso de sistemas computacionais afeta diretamente a saúde musculoesquelética e a eficiência cognitiva. A má postura, comum em contextos como escritórios ou ensino remoto, está associada a:

- Dor lombar e cervical;
- Tensão ocular;
- Redução do foco e produtividade.

Parâmetros essenciais incluem:

- Altura e inclinação do monitor (deve estar ao nível dos olhos ou levemente abaixo);
- Distância dos olhos (idealmente 50–70 cm);
- Apoio para os braços e punhos;
- Ângulo adequado entre tronco, braço e antebraço (próximo a 90°).

2. Esforço físico e movimentos repetitivos

Tarefas repetitivas, especialmente digitação e uso prolongado de mouse ou telas sensíveis ao toque, podem gerar **Lesões por Esforços Repetitivos (LER)** e **Distúrbios Osteomusculares Relacionados ao Trabalho (DORT)**, como tendinites e síndrome do túnel do carpo.

Para mitigar esses riscos, é recomendada:

- Alternância de tarefas;
- Postos de trabalho ajustáveis;
- Equipamentos ergonômicos (teclados, mouses, cadeiras);
- Pausas regulares com alongamentos.

3. Disposição física dos elementos da interface

Mesmo em ambientes digitais, a disposição espacial dos elementos afeta a ergonomia. Por exemplo:

- Botões importantes devem estar ao alcance visual e motor imediato;
- Elementos de navegação devem evitar exigência de movimentos extensos e repetidos;
- Interfaces multitela (*dual-screen, extended displays*) devem considerar o giro de pescoço e acomodação visual.

4. Ergonomia em dispositivos móveis

A mobilidade digital impõe novos desafios ergonômicos, especialmente no uso de *smartphones* e *tablets*. Aspectos importantes incluem:

- Uso com uma ou duas mãos: apps devem considerar a área de alcance do polegar (ex.: zona de conforto);
- Polegar dominante e lateralidade: o posicionamento de menus e botões deve ser sensível a usuários destros e canhotos;
- Reflexo da luz na tela e brilho: influenciam a legibilidade e causam fadiga ocular;

- Peso e tamanho do dispositivo: interferem na estabilidade e esforço de manuseio.

5. Tempo de exposição e fadiga

Sistemas que requerem **interações prolongadas** (como plataformas EAD, *softwares* corporativos e jogos) devem ser projetados considerando a saúde do usuário. Boas práticas incluem:

- Notificações para pausas programadas;
- Modo noturno ou ajuste automático de brilho;
- Possibilidade de configurar tamanhos de fonte e contraste;
- Suporte a múltiplas formas de entrada (voz, toque, teclado, mouse, leitor ocular).

"A má ergonomia física pode transformar uma interface funcional em uma fonte de dor e evasão." (Kroemer & Grandjean, 2005)

Conclusão

Ignorar os princípios da ergonomia física na IHC significa comprometer não apenas o desempenho, mas a **saúde e o bem-estar dos usuários**. Em contextos de uso intensivo ou crítico, como *call centers*, ambientes industriais, jogos *online* ou trabalho remoto, os efeitos acumulativos podem ser severos. Projetar com *ergonomia* é projetar com respeito ao corpo humano — promovendo conforto, produtividade e adesão contínua à tecnologia.

Ergonomia Cognitiva

A **ergonomia cognitiva** é um campo da Interação Humano-Computador (IHC) que se dedica a compreender e aplicar os princípios do funcionamento mental humano ao design de sistemas interativos. Seu objetivo é projetar interfaces que respeitem os **limites e capacidades cognitivas dos usuários**, promovendo interações mais intuitivas, eficazes e seguras.

Essa abordagem considera processos como:

- Percepção (como o usuário enxerga e interpreta a interface);

- Atenção (o foco seletivo é dividido durante tarefas);
- Memória de curto e longo prazo (recuperação de informações);
- Tomada de decisão (análise e escolha entre opções);
- Resolução de problemas (caminhos para atingir objetivos).

Como enfatiza Norman (2013), "a mente humana possui limites naturais de processamento; o papel do designer é respeitá-los."

Princípios Fundamentais da Ergonomia Cognitiva:

1. Carga Cognitiva

A *Teoria da Carga Cognitiva* (Sweller, 1988) afirma que o cérebro humano possui capacidade limitada de processar informações ativamente. Interfaces sobrecarregadas com menus complexos, textos longos ou múltiplas tarefas simultâneas elevam o esforço mental, comprometendo a eficiência e a retenção da informação.

Boas práticas:

- Reduzir o número de opções por tela;
- Utilizar agrupamentos visuais (*chunking*);
- Destacar o essencial e ocultar o supérfluo;
- Dividir tarefas complexas em etapas progressivas.

2. Consistência e Previsibilidade

A coerência entre elementos visuais, termos e comportamentos permite que o usuário desenvolva **modelos mentais estáveis**, antecipando o que vai acontecer com base em experiências anteriores.

Exemplos:

- Botões com aparência e função consistentes;
- Comportamentos semelhantes em diferentes partes do sistema (ex.: atalhos de teclado);
- Mensagens com estrutura e vocabulário padronizados.

3. Reconhecimento em vez de Memorização

A memória de curto prazo humana é limitada (Miller, 1956), o que torna mais eficaz projetar interfaces que favoreçam o **reconhecimento imediato** de comandos e caminhos, em vez de exigir memorização ou reaprendizado.

Aplicações:

- Menus suspensos com opções visíveis;
- Ícones familiares com rótulos textuais;
- Sugestões automáticas e histórico de ações.

4. *Feedback* Imediato e Informativo

A ausência de resposta após uma ação do usuário gera ambiguidade, insegurança e pode levar a erros. Um bom sistema deve sempre confirmar ações, mostrar progresso ou indicar falhas com clareza e no tempo certo.

Exemplos:

- Mensagem de "arquivo salvo com sucesso";
- Indicador de carregamento (spinner, barra de progresso);
- Alertas visuais e sonoros para erros críticos.

5. Compatibilidade com Expectativas do Usuário

Interfaces eficazes respeitam **convenções culturais, experiências prévias e padrões cognitivos**. Isso facilita a adoção intuitiva do sistema e reduz a curva de aprendizagem.

Exemplos:

- Ícone de disquete ainda representa "salvar", mesmo obsoleto tecnologicamente;
- Botão verde para "confirmar" e vermelho para "cancelar";
- Disposição esquerda-direita ou cima-baixo para etapas ou fluxos.

Complementos Importantes:

- Curva de aprendizagem suave: o sistema deve permitir que usuários iniciantes se adaptem rapidamente e, ao mesmo tempo, oferecer atalhos e flexibilidade para usuários experientes;
- Tolerância a erros: oferecer opções de desfazer (*undo*), confirmações antes de ações irreversíveis, e mensagens de erro compreensíveis;
- Apoio à atenção seletiva: interfaces bem projetadas usam contraste, hierarquia visual, ícones e espaçamento para guiar o olhar do usuário e facilitar a navegação.

Conclusão

A ergonomia cognitiva reforça que o sucesso de uma interface não está apenas em seu funcionamento técnico, mas na sua **capacidade de dialogar com a mente humana**. Um sistema que respeita os limites da atenção, memória e percepção do usuário **reduz erros, acelera o aprendizado e gera satisfação**, tornando-se mais eficaz, acessível e agradável. Em um mundo onde a atenção é cada vez mais disputada, projetar com inteligência cognitiva é projetar com empatia e responsabilidade.

Modelo de Capacidade Cognitiva (Miller)

O psicólogo **George A. Miller**, em seu influente artigo "*The Magical Number Seven, Plus or Minus Two*" (1956), demonstrou que a **memória de curto prazo** humana possui **limites naturais de armazenamento**, sendo capaz de reter entre **5 e 9 unidades de informação simultaneamente**. Essa constatação se tornou uma das bases teóricas da ergonomia cognitiva e da usabilidade em interfaces digitais. Com base nisso, o autor observa que "a mente humana pode lidar com aproximadamente sete elementos independentes ao mesmo tempo — às vezes cinco, às vezes nove."

Esse limite, embora variável entre indivíduos e contextos, impõe **restrições importantes ao design de sistemas**, especialmente em ambientes digitais onde o usuário precisa processar informações rapidamente e tomar decisões com base nelas.

Implicações Práticas no Design de Interfaces

1. Menus com número limitado de opções

Menus e listas extensas exigem mais esforço de varredura e memória, elevando a carga cognitiva. Projetos eficazes mantêm:

De **5 a 9 itens por menu** ou submenu;

- Categorização de funções mais complexas em subníveis hierárquicos;
- Priorização de itens mais frequentes nas primeiras posições (efeito de primazia).

2. Agrupamento de informações em blocos (*chunking*)

O "*chunking*" é uma estratégia de organização cognitiva em que **vários itens são agrupados em unidades significativas.** Isso amplia a capacidade de retenção e facilita a compreensão.

Exemplos:

- Números de telefone: (31) 9xxxx-1234 em vez de 319xxxx1234;
- Interfaces com cards ou seções visuais claras;
- Agrupamento de campos de formulário por categoria (ex.: dados pessoais, endereço, pagamento).

3. Redução de opções simultâneas

Interfaces que apresentam muitas escolhas de uma vez (ex.: assistentes virtuais, formulários, dashboards) podem gerar **sobrecarga cognitiva**, levando à fadiga, erros ou evasão. Para contornar isso:

- Divida tarefas em **etapas sequenciais**;
- Use **assistentes (*wizards*)** que guiem o usuário passo a passo;

- Oculte ou revele informações dinamicamente conforme o contexto (*progressive disclosure*).

Exceções e Complementações

Embora o modelo de Miller seja uma referência sólida, estudos posteriores mostraram que:

- A **capacidade de memória de trabalho** varia com o conteúdo (números, palavras, imagens);
- A **familiaridade e significância** da informação aumentam a eficiência do chunking (ex.: usuários experientes lidam melhor com mais opções);
- Em dispositivos móveis, o número ideal pode ser ainda menor devido ao espaço e foco visual restritos.

Conclusão

O modelo de Miller continua sendo um **ponto de partida essencial para o design centrado no ser humano**, lembrando aos projetistas que **menos é mais** quando se trata de informações simultâneas. Interfaces que respeitam os limites da memória de curto prazo reduzem a frustração, aumentam a fluidez da interação e tornam os sistemas mais **acessíveis, eficientes e amigáveis.** Dessa forma, projetar com base em capacidades cognitivas reais, e não ideais, é um dos princípios mais importantes da usabilidade e da experiência do usuário.

TEORIA DA ATENÇÃO SELETIVA

A **atenção seletiva** é um mecanismo cognitivo que permite ao ser humano focar em determinados estímulos enquanto ignora outros. Essa capacidade é fundamental para lidar com a imensa quantidade de informações que recebemos a todo momento, mas ela é **limitada**, vulnerável a sobrecarga e facilmente desviada por estímulos concorrentes.

No design de interfaces, isso significa que o usuário **não percebe tudo o que está na tela**, mas apenas o que seu foco consegue alcançar. Assim, **interfaces poluídas**, com excesso de elementos visuais, múltiplas animações simultâneas ou textos densos, podem fragmentar a atenção, dificultando a navegação e aumentando o risco de erro.

Técnicas para Otimizar a Atenção do Usuário:

- **Hierarquia visual**: usar tamanho, cor e posicionamento para indicar o que é mais importante;
- **Contraste eficaz**: destacar botões, chamadas para ação e alertas;
- **Espaço em branco** (*white space*) para separar blocos de informação e reduzir a sensação de "lotação";
- **Agrupamento lógico** (Gestalt): organizar informações relacionadas próximas entre si.

A atenção deve ser guiada de forma intencional pela interface — quanto mais o usuário "caça" informações, maior o desgaste cognitivo.

INTERFACE E FADIGA COGNITIVA

Fadiga cognitiva é o estado mental de exaustão causado por esforço mental prolongado ou repetitivo. Na IHC, ela se manifesta quando o sistema exige:

- Processamento contínuo de informações irrelevantes;
- Navegação complexa e pouco intuitiva;
- Tomada de decisões frequentes sem apoio visual ou funcional.

Sinais comuns de fadiga cognitiva em usuários:

- Lentidão na tomada de decisão;
- Aumento de erros;
- Esquecimento de passos simples;

- Frustração, irritabilidade e evasão da tarefa.

Preece, Rogers e Sharp (2013) alertam que "a fadiga cognitiva pode ser mais perigosa do que um erro de programação."

Esse problema é crítico em:

- **Ambientes de uso intenso**, como plataformas EAD, painéis de monitoramento, sistemas administrativos complexos;
- **Sistemas de missão crítica**, onde erros podem gerar perdas humanas ou materiais, como em medicina, aviação, transporte ou segurança pública.

Ferramentas e Métodos de Avaliação Ergonômica

Para garantir que uma interface respeita os limites da atenção e evita a fadiga cognitiva, o designer pode recorrer a uma variedade de métodos de **avaliação ergonômica e cognitiva**:

1. Checklists ergonômicos normatizados

- Baseados em normas como **ISO 9241** e **NBR ISO 9241-210**, cobrem critérios de usabilidade, acessibilidade e carga cognitiva.
- Avaliam consistência, clareza, *feedback*, controle pelo usuário e adaptação a diferentes perfis.

2. Avaliação heurística com foco cognitivo

- Inspira-se nas 10 heurísticas de Nielsen, adaptadas para avaliar especialmente a carga mental imposta ao usuário.
- Analisa: previsibilidade, visibilidade de estado, liberdade de ação, prevenção de erros e eficiência do reconhecimento.

3. Análise de tarefas com foco no esforço mental

- Ferramentas como **GOMS** (*Goals, Operators, Methods, Selection rules*) e **KLM** (*Keystroke-Level Model*) ajudam a estimar tempo e carga cognitiva em tarefas específicas.

4. Mapas de calor (heatmaps)

- Utilizados em testes com rastreamento ocular (*eye tracking*), mostram onde o olhar do usuário se concentra.
- Revelam padrões de leitura, áreas ignoradas e distrações visuais.

5. Testes de tempo de reação e precisão

- Medem o impacto de diferentes designs na velocidade de resposta e na quantidade de erros sob **alta carga cognitiva**.
- Úteis para avaliar desempenho em situações críticas ou sob pressão.

CONCLUSÃO

Projetar para a atenção seletiva e contra a fadiga cognitiva é **fundamental para a longevidade, eficiência e segurança** de qualquer sistema interativo. Interfaces que respeitam os limites da mente humana não apenas facilitam a usabilidade, mas também promovem bem-estar, retenção e confiança. Em ambientes críticos, isso pode representar a diferença entre o sucesso operacional e o erro com consequências graves.

11.4 MODELOS DE UX

Os **modelos de Experiência do Usuário (UX)** fornecem **estruturas conceituais** que ajudam profissionais da área de IHC a **compreender, mapear e melhorar** a experiência de uso de sistemas.

produtos e serviços. Esses modelos combinam elementos de **design, psicologia, sociologia e tecnologia**, permitindo representar tanto os componentes tangíveis (como interface, funcionalidades e usabilidade) quanto os **aspectos subjetivos e emocionais da interação**. "Modelos de UX nos permitem visualizar a experiência como um todo interligado, indo além da funcionalidade, rumo ao significado." (Garrett, 2011)

1. Modelo dos Cinco Planos (Garrett)

O modelo proposto por **Jesse James Garrett** em *The Elements of User Experience* (2011) tornou-se uma das abordagens mais influentes para compreender, planejar e projetar experiências digitais. Garrett estrutura a experiência do usuário (UX) em **cinco planos hierárquicos**, da mais abstrata à mais concreta, destacando que **cada decisão de design reverbera em todos os níveis**. Nesse sentido, a metáfora dos "planos" mostra que uma boa UX não é fruto apenas de estética ou funcionalidade isoladas, mas da **integração coerente de múltiplas camadas de decisão**.

a. Plano de Estratégia (Strategy)

É a base da experiência, onde se definem os **objetivos organizacionais** e as **necessidades dos usuários**. Este plano responde às perguntas:

- Por que estamos criando este produto?
- O que o usuário deseja alcançar com ele?
- Quais problemas reais ele resolve?

Exemplo: um aplicativo de meditação deve atender tanto à meta de retenção do usuário quanto ao objetivo de oferecer alívio do estresse — isso influencia todo o projeto.

b. Plano de Escopo (Scope)

Traduz as metas definidas na estratégia em **requisitos funcionais** (o que o sistema faz) e **requisitos de conteúdo** (o que o sistema oferece).

Perguntas-chave:

- Quais funcionalidades são essenciais?

- Que tipo de conteúdo será incluído (textos, vídeos, gráficos)?
- Há limites técnicos ou editoriais?

Exemplo: decidir se o aplicativo de meditação terá lembretes personalizados, trilhas sonoras, meditação guiada ou fórum de usuários.

c. Plano de Estrutura (Structure)

Refere-se à **arquitetura da informação** e à **estrutura interativa** do sistema. Define como as funcionalidades e os conteúdos serão organizados e como o usuário transitará entre eles.

Inclui:

- Definição de fluxos de navegação;
- Hierarquias de páginas ou seções;
- Lógicas de interação (ex: "se o usuário clicar em X, vai para Y").

Exemplo: como o usuário acessa uma meditação específica — por busca, recomendação automática ou trilha de aprendizado?

d. Plano de Esqueleto (Skeleton)

É o nível em que o design começa a se tornar tangível. Trata da **organização visual e funcional da interface**, respondendo:

- Onde ficam os botões, menus e imagens?
- Como o conteúdo é apresentado?
- A navegação é clara e acessível?

Abrange:

- *Layout* de telas;
- Design de navegação (menus, *breadcrumbs*);
- Hierarquia visual.

Exemplo: onde posicionar o botão "iniciar meditação" para facilitar o uso com o polegar em dispositivos móveis.

e. Plano de Superfície (Surface)

É o plano mais visível e sensorial — aquilo que o usuário realmente vê e com que interage diretamente. Envolve o **design visual e sensorial da interface**.

Inclui:

- Paleta de cores, tipografia, ícones, imagens, animações;
- Sons e microinterações (ex.: resposta visual ao toque);
- Tom de voz e estilo da comunicação textual.

Exemplo: cores suaves e transições lentas no app de meditação contribuem para uma sensação de calma e foco.

INTERDEPENDÊNCIA DOS PLANOS

> "Cada decisão de design afeta todos os planos da experiência, e a harmonia entre eles é o que determina a qualidade da UX." *(Garrett, 2011)*

A força do modelo está em sua abordagem **sistêmica e progressiva**: o plano de superfície não pode ser coerente se não estiver embasado em uma estratégia sólida. Projetos que ignoram os planos inferiores — como estratégia e escopo — frequentemente resultam em interfaces visualmente agradáveis, mas **pobres em valor ou usabilidade**.

CONCLUSÃO

O Modelo dos Cinco Planos de Garrett fornece um **mapa conceitual poderoso para projetistas, desenvolvedores, analistas e *stakeholders***. Ao explicitar a interdependência entre estratégia, funcionalidade, estrutura e forma, ele permite criar **experiências centradas no usuário e alinhadas com os objetivos do negócio**, evitando decisões superficiais e promovendo consistência e valor real em cada camada da interação digital.

2. Modelo UX Honeycomb (Morville)

O **UX Honeycomb**, proposto por **Peter Morville** (2004), é uma das representações mais influentes e didáticas sobre os múltiplos aspectos que compõem uma **experiência do usuário completa e de qualidade**. Morville utiliza o formato de uma **colmeia (*honeycomb*)** para ilustrar visualmente que a experiência não depende de um único fator, mas da **articulação harmônica entre sete dimensões essenciais**, interconectadas como células de um todo coeso. Segundo o autor, "uma boa experiência vai além da usabilidade — ela deve ser significativa, desejável e confiável." *(Morville, 2004)*

AS SETE DIMENSÕES DA EXPERIÊNCIA SEGUNDO O UX HONEYCOMB:

a. *Útil (Useful)*

O produto ou serviço deve **atender a uma necessidade real** Um sistema pode ser bonito e funcional, mas será irrelevante se não resolver um problema do usuário ou não tiver propósito claro.

Exemplo: um app de receitas que apenas replica conteúdos genéricos sem permitir personalização ou busca por restrições alimentares pode não ser considerado útil.

b. *Utilizável (Usable)*

Refere-se à **facilidade de uso e aprendizado** da interface. Um sistema utilizável é eficiente, evita erros, permite recuperação e reduz a carga cognitiva.

Indicadores: tempo para realizar tarefas, taxa de erros, curva de aprendizado.

Exemplo: menus intuitivos, *feedback* claro, consistência entre telas.

c. Desejável (Desirable)

Envolve o **apelo emocional e estético** do sistema. Estimula o engajamento, a identidade com a marca e a satisfação subjetiva. Está diretamente ligada ao design visual, à comunicação e à personalidade do produto.

Exemplo: uma interface com design elegante, animações suaves e tom de voz empático pode gerar prazer e fidelização.

d. Encontrável (Findable)

A informação deve ser **facilmente localizada.** Isso se aplica tanto à navegação quanto à arquitetura da informação.

Boas práticas: uso de rotulagem clara, sistema de busca eficaz, *links* consistentes e menus organizados.

Exemplo: e-commerces que oferecem filtros inteligentes, *breadcrumbs* e sugestões automáticas.

e. Acessível (Accessible)

Significa que o sistema deve ser **inclusivo**, projetado para atender usuários com diferentes capacidades físicas, cognitivas ou tecnológicas.

Inclui:

- Suporte a leitores de tela;
- Contraste adequado;
- Alternativas textuais para imagens;
- Compatibilidade com navegação por teclado ou comandos de voz.

Base legal: normas como **WCAG** (*Web Content Accessibility Guidelines*) e **Lei Brasileira de Inclusão (LBI)** reforçam a obrigatoriedade da acessibilidade.

f. Confiável (Credible)

O sistema deve **transmitir confiança e integridade**. A credibilidade é construída por meio de:

- Conteúdo verificado e coerente;
- Transparência sobre políticas e dados;
- Design profissional e comunicação ética.

Exemplo: sites que exibem avaliações reais, informações institucionais, HTTPS e design claro são mais confiáveis aos olhos do usuário.

g. Valiosa (Valuable)

É o ponto de convergência de todas as dimensões. Um sistema é valioso quando **agrega benefícios reais ao usuário e à organização**. Isso inclui retorno sobre investimento (ROI), impacto social, relevância de mercado e satisfação duradoura.

Exemplo: uma plataforma educacional que melhora a retenção de alunos e reduz evasão é valiosa tanto para os usuários quanto para a instituição.

APLICAÇÕES DO MODELO

O UX Honeycomb é amplamente utilizado em:

- **Avaliações heurísticas**, como *checklist* de qualidade da experiência;
- ***Workshops* de design centrado no usuário**, como ferramenta de alinhamento entre equipes;
- **Pesquisa com usuários**, para formular hipóteses ou avaliar percepções por categoria;
- **Definição de critérios de sucesso**, ajudando a orientar OKRs (*Objectives and Key Results*) ou KPIs (*Key Performance Indicators*) de produtos digitais.

CONCLUSÃO

O modelo de Peter Morville reforça que a experiência do usuário vai muito além da **usabilidade isolada** — ela precisa ser **multidimensional**, conectando razão, emoção, função e valor. Ao adotar o UX Honeycomb, equipes de design, desenvolvimento e produto são incentivadas a construir soluções mais **humanizadas, completas e estratégicas**, resultando em experiências verdadeiramente memoráveis.

3. Modelo de Hassenzahl

O psicólogo e pesquisador **Marc Hassenzahl** propôs um dos modelos mais relevantes para compreender a **experiência do usuário (UX)** sob uma perspectiva **emocional e subjetiva**. Em sua obra *Experience Design: Technology for All the Right Reasons* (2010), ele argumenta que a UX vai muito além da simples usabilidade, envolvendo dimensões que conectam **funcionalidade, prazer, significado e identidade**.

Estrutura do Modelo

O modelo de Hassenzahl organiza a experiência em **dois grandes eixos**:

a. Aspectos Pragmáticos

Referem-se ao **valor instrumental** do produto, ou seja, à sua **utilidade e facilidade de uso** para cumprir tarefas específicas. Aqui estão incluídos os atributos de:

- **Eficiência** (rapidez na realização de tarefas);
- **Clareza e estrutura** (organização da interface);
- **Previsibilidade e controle** (respostas esperadas a ações do usuário);
- **Funcionalidade objetiva** (se o produto resolve o problema prático).

Exemplo: um editor de texto que salva automaticamente, responde rapidamente aos comandos e possui atalhos intuitivos.

b. Aspectos Hedônicos

Representam o **valor simbólico e afetivo** do produto. São relacionados às emoções despertadas e ao impacto do sistema na **autoimagem, identidade e prazer** do usuário.

Dividem-se em três dimensões:

- **Estimulação**: o quanto o produto desafia e estimula intelectualmente ou emocionalmente;
- **Identidade (Autoexpressão)**: se o produto reforça o estilo, gostos ou valores do usuário;
- **Relacionamento**: como o produto se encaixa nas relações sociais e culturais do indivíduo (ex.: sensação de pertencimento, compartilhamento, status).

Exemplo: um *smartwatch* pode não apenas contar passos (aspecto pragmático), mas também ser um símbolo de estilo, disciplina ou pertencimento a uma comunidade (aspecto hedônico).

RELAÇÃO ENTRE PRODUTO E USUÁRIO

Hassenzahl (2010) defende que **a experiência do usuário é sempre relacional**, afirmando que ela "é construída na relação entre o que o produto é e o que o usuário deseja sentir."

Assim, não basta que o sistema funcione bem: ele precisa **responder ao que o usuário deseja experimentar**, seja sensação de controle, leveza, desafio ou identidade.

Essa abordagem torna o modelo útil para:

- **Compreender a aceitação emocional de produtos**;
- **Guiar decisões de design voltadas ao engajamento afetivo**;
- **Avaliar a percepção subjetiva de valor**, especialmente em produtos de consumo, artefatos de *lifestyle* e plataformas sociais.

MODELO E VALOR PERCEBIDO

O diferencial do modelo de Hassenzahl está na ênfase no **valor percebido**, ou seja, **como o usuário interpreta e sente o produto em seu contexto de uso**. Dois produtos com as mesmas funções podem gerar experiências completamente diferentes dependendo de como ativam os aspectos hedônicos.

Exemplo comparativo:

- Dois apps de gerenciamento de tarefas podem ser igualmente funcionais (pragmáticos), mas aquele que oferece personalização, interface emocionalmente envolvente e integração com redes sociais pode gerar maior **engajamento, recomendação e fidelização**.

APLICAÇÕES DO MODELO

- **Avaliação da UX**: entrevistas e questionários baseados nos atributos pragmáticos e hedônicos ajudam a medir a experiência real dos usuários;
- **Design estratégico**: ao incluir motivações emocionais e identitárias no briefing do projeto, o produto ganha diferencial competitivo;
- **Criação de personas mais profundas**: indo além de dados demográficos, incluem desejos afetivos e simbólicos.

CONCLUSÃO

O Modelo de Hassenzahl reforça a visão de que **a experiência do usuário é tão emocional quanto funcional**. Dessa maneira, projetar para o prazer, a identidade e a estimulação — sem negligenciar a usabilidade — é o caminho para criar **produtos mais memoráveis, recomendáveis e amados**. Trata-se de alinhar o que o produto **oferece** com aquilo que o usuário **deseja sentir e viver**.

4. Modelo da Jornada do Usuário (*User Journey*)

A **Jornada do Usuário**, ou *User Journey*, é uma ferramenta essencial da experiência do usuário (UX) que descreve, de forma narrativa ou visual, **como uma pessoa interage com um sistema, produto ou serviço ao longo do tempo**, considerando seus **pontos de contato, emoções, objetivos e obstáculos.**

Mais do que um simples roteiro, trata-se de um **mapa da experiência vivida**, que permite entender o sistema **do ponto de vista do usuário** — suas motivações, frustrações, percepções e decisões em cada etapa da interação.

COMPONENTES FUNDAMENTAIS DA JORNADA DO USUÁRIO

a. Pontos de Contato (Touchpoints)

São os momentos em que o usuário interage com a marca ou o sistema, de forma direta ou indireta. Podem incluir:

- Acesso ao *site*, app ou loja física;
- Contato com suporte técnico;
- Recebimento de notificações ou e-mails;
- Uso de funcionalidades específicas do sistema.

Cada ponto de contato é uma oportunidade de gerar valor — ou de comprometer a experiência.

b. Emoções

Ao longo da jornada, o usuário passa por diferentes estados emocionais: entusiasmo, dúvida, frustração, alívio, confiança, entre outros. **Mapear essas emoções** ajuda a identificar:

- Onde a experiência encanta ou frustra;
- Onde há risco de abandono;
- Quais momentos são ideais para surpreender ou apoiar.

A emoção é o elo entre o usuário e a memória da experiência — por isso, jornadas bem desenhadas focam tanto no sentimento quanto na funcionalidade.

c. Obstáculos e Fricções

São os **pontos de atrito** que impedem ou dificultam a fluidez da jornada:

- Interface confusa;
- Erros técnicos;
- Processos longos ou burocráticos;
- Falta de suporte em momentos críticos.

Identificá-los permite propor melhorias específicas e mensuráveis.

d. Expectativas e Objetivos

Cada ação do usuário é guiada por uma **intenção**, e a jornada revela se o sistema a **facilita ou frustra**. Compreender o que o usuário **espera alcançar em cada etapa** permite alinhar o design com seus objetivos reais.

FORMATOS DE REPRESENTAÇÃO

A jornada do usuário pode ser representada de várias formas, como:

- **Narrativas**: descrições escritas da experiência do ponto de vista do usuário;
- **Fluxogramas ou infográficos**: destacam os caminhos percorridos e os pontos críticos;
- **Gráficos de emoções**: associam cada etapa a um nível de satisfação emocional (ex.: "curva da empatia");
- **Mapas de jornada (*Journey Maps*)**: combinam visões do *frontstage* (experiência visível) e do *backstage* (processos internos da organização).

BENEFÍCIOS DO MODELO DA JORNADA DO USUÁRIO

- **Identificação de momentos críticos**: nos quais o usuário está mais propenso a abandonar ou engajar;
- **Geração de empatia**: equipes passam a enxergar a experiência como vivida pelo usuário, não apenas como fluxos lógicos;
- **Personalização e segmentação**: diferentes personas podem ter jornadas distintas, exigindo abordagens específicas;
- **Oportunidades de inovação**: ao mapear pontos de frustração, surgem ideias para novas soluções, funcionalidades ou canais.

Quadro 11.2: Exemplo Prático (Simplificado)

Usuário: Estudante buscando um curso *online*.
Objetivo: Comprar e iniciar o curso rapidamente.

Etapa	Ponto de contato	Emoção	Obstáculo identificado
Busca inicial	Google / site	Curiosidade	Página lenta e não responsiva
Avaliação de cursos	Página de descrição	Interesse + dúvida	Falta de vídeo demonstrativo
Compra	Checkout	Ansiedade + esperança	Formulário longo e sem *feedback*
Primeira aula	Plataforma EAD	Alívio + entusiasmo	Carregamento demorado
Pós-aula	Notificação / e-mail	Satisfação	Sem recomendação de próximos passos

Fonte: Elaborado pelo autor, 2025.

CONCLUSÃO

O modelo da **Jornada do Usuário** permite ver a experiência de forma dinâmica, contextual e emocional. Ao integrá-lo ao processo de design e tomada de decisões, as equipes de UX conseguem **antecipar necessidades, evitar frustrações e criar experiências mais humanas,**

relevantes e memoráveis. Projetar com base na jornada é deixar de pensar apenas no produto — e passar a pensar na **vida real do usuário**.

5. Modelo HEART (Google)

O **HEART** *Framework* é um modelo criado pela equipe de UX Research do **Google** (Kerry Rodden *et al.*, 2010) com o objetivo de **mensurar a experiência do usuário (UX) de maneira sistemática, escalável e orientada por dados**. Ao contrário de abordagens exclusivamente qualitativas, o HEART fornece **métricas quantitativas** que conectam a experiência do usuário com **indicadores de desempenho do produto e do negócio**.

Além disso, o nome do modelo é um acrônimo que representa **cinco dimensões-chave da experiência,** que serão detalhadas a seguir.

AS 5 DIMENSÕES DO MODELO HEART

a. Happiness (Felicidade/Satisfação)

Avalia a **satisfação subjetiva do usuário** com o produto, incluindo aspectos emocionais e de percepção de valor.

Métricas típicas:

- NPS (*Net Promoter Score*): mede a probabilidade de o usuário recomendar o produto;
- SUS (*System Usability Scale*): avalia usabilidade percebida;
- CSAT (*Customer Satisfaction Score*): satisfação após uso;
- Qualidade percebida, estética, confiança.

Importância: reflete como o usuário *se sente* em relação à experiência. Métrica emocional, mas com impacto direto em fidelidade e imagem de marca.

b. Engagement (Engajamento)

Mede o **nível de envolvimento ativo** do usuário com o sistema, incluindo frequência, intensidade e profundidade de uso.

Métricas típicas:

- Sessões por dia ou semana;
- Tempo médio por sessão;
- Número de funcionalidades utilizadas;
- Interações por funcionalidade.

Importância: alto engajamento indica valor percebido, enquanto as quedas sinalizam desinteresse ou frustração.

c. Adoption (Adoção)

Refere-se ao **número de novos usuários que começam a usar o produto**, ou à adoção de novas funcionalidades por usuários existentes.

Métricas típicas:

- Novos cadastros em determinado período;
- Ativação de contas;
- Primeiros acessos a funcionalidades recém-lançadas.

Importância: essencial para medir a eficácia de lançamentos, campanhas de marketing e usabilidade inicial.

d. Retention (Retenção)

Avalia **a capacidade do sistema de manter usuários ao longo do tempo**, isto é, quantos continuam usando o produto após a primeira interação.

Métricas típicas:

- Taxa de retorno após 1, 7, 30 dias (D1, D7, D30);
- Frequência de uso por usuários antigos;
- Churn (taxa de abandono).

Importância: baixa retenção pode indicar problemas de valor, usabilidade ou concorrência mais atraente.

e. Task Success (Sucesso na Tarefa)

Mede a **eficiência, eficácia e taxa de erro** nas tarefas que o sistema propõe ao usuário.

Métricas típicas:

- Tempo para concluir tarefas;
- Taxa de sucesso sem erro;
- Necessidade de ajuda ou suporte;
- Taxa de abandono de formulários ou processos.

Importância: revela o quão bem o sistema permite ao usuário atingir seus objetivos, base da boa usabilidade.

COMO APLICAR O MODELO HEART?

O HEART não deve ser usado como um checklist isolado. Em vez disso, cada dimensão deve ser **associada a metas específicas do produto** e a métricas selecionadas de acordo com o contexto. Para isso, o Google recomenda a metodologia **Goals-Signals-Metrics**:

1. ***Goals* (Metas)**: o que você quer melhorar? (ex.: aumentar engajamento)
2. ***Signals* (Sinais)**: que comportamentos indicam progresso nessa meta? (ex.: cliques em playlists)
3. ***Metrics* (Métricas)**: como medir esses sinais de forma objetiva? (ex.: número de sessões com mais de 3 cliques)

APLICAÇÕES REAIS

O modelo HEART é muito utilizado por:

- **Startups**, que precisam validar o valor e retenção rapidamente;
- **Grandes plataformas digitais**, que aplicam métricas contínuas por funcionalidade;
- **Times de produto**, que integram UX a KPIs de negócio.

Exemplo prático: Um app de educação pode aplicar o HEART assim:

- ***Happiness***: avaliação pós-aula (nota de 0 a 10);
- ***Engagement***: número de aulas assistidas por semana;
- ***Adoption***: novos usuários que completam a primeira aula;
- ***Retention***: alunos que voltam após 7 dias;
- ***Task Success***: taxa de respostas corretas nas atividades.

CONCLUSÃO

O **HEART** *Framework* permite alinhar **UX, dados e estratégia de produto** em uma abordagem mensurável e orientada por metas. Ao combinar indicadores emocionais, comportamentais e operacionais, esse modelo ajuda equipes a **melhorar continuamente a experiência, justificar decisões com evidências e entregar valor real ao usuário e ao negócio.** É uma ferramenta essencial em contextos ágeis, iterativos e centrados no usuário.

6. Modelo de UX Holístico

A **visão holística da experiência do usuário (UX)** parte do princípio de que a interação entre pessoas e sistemas não pode ser reduzida a métricas de usabilidade ou satisfação isoladas. Em vez disso, a UX deve ser compreendida como um **processo complexo, sistêmico e dinâmico,** que envolve múltiplas dimensões interdependentes — técnicas, emocionais, sociais e temporais.

Portanto, "a UX é mais do que uma boa interface: é o conjunto de percepções, emoções, significados e contextos que moldam o valor de uma experiência digital." (Hassenzahl, McCarthy & Wright)

DIMENSÕES DA UX HOLÍSTICA

a. Aspectos Funcionais

Correspondem às **qualidades operacionais** do sistema, tradicionalmente ligadas à engenharia de *software* e à ergonomia técnica.

Incluem:

- **Usabilidade** (eficácia, eficiência, facilidade de aprendizado);
- **Acessibilidade** (uso por pessoas com deficiências ou limitações temporárias);
- **Performance** (tempo de resposta, fluidez, estabilidade);
- **Compatibilidade tecnológica** (dispositivos, navegadores, conexões).

Esses elementos são necessários, mas **não suficientes** para garantir uma boa experiência.

b. Aspectos Emocionais

Referem-se às **respostas afetivas** do usuário durante a interação. Envolvem tanto emoções momentâneas quanto sentimentos duradouros.

Exemplos:

- **Prazer** ao usar uma interface elegante e fluida;
- **Confiança** gerada por clareza e consistência;
- **Frustração** diante de erros ou lentidão;
- **Identificação** com a linguagem, estética ou valores do produto.

A emoção influencia a **memória da experiência** e o desejo de retorno ou recomendação.

c. Aspectos Sociais e Culturais

Toda tecnologia é usada dentro de um **contexto social e simbólico**, que molda como ela é percebida e apropriada.

Incluem:

- **Normas sociais** (ex.: etiqueta digital, segurança da informação);
- **Referências culturais** (ex.: metáforas visuais, linguagem);
- **Papel social do usuário** (ex.: médico, estudante, *gamer*);

- **Relações interpessoais mediadas pela interface** (ex.: apps de mensagem, redes sociais).

Uma UX verdadeiramente inclusiva precisa ser **culturalmente sensível e socialmente situada.**

d. Aspectos Temporais

A experiência do usuário **muda ao longo do tempo.** O que encanta em um primeiro contato pode frustrar no uso contínuo, e vice-versa.

Dimensões temporais incluem:

- **Curva de aprendizado** (usabilidade inicial vs. uso experiente);
- **Engajamento ao longo do tempo** (motivação, fidelidade);
- **Memória afetiva** (o que o usuário lembra da experiência);
- **Ciclo de vida do produto** (lançamento, maturidade, declínio).

Projetar com visão temporal é considerar a UX como **um ciclo de experiência contínua**, e não como um evento pontual.

APLICAÇÕES DOS MODELOS DE UX

Os modelos de UX — incluindo os holísticos e os baseados em eixos, jornadas ou métricas — servem como **ferramentas práticas para orientar decisões** em diversas etapas do ciclo de vida de um produto digital:

a. Planejamento Estratégico de Produtos

- Definição de diferenciais baseados em UX;
- Alinhamento entre proposta de valor e necessidades dos usuários;
- Criação de *roadmaps* centrados na experiência.

b. Avaliação de Sistemas Existentes

- Diagnóstico de pontos fortes e fracos da experiência atual;
- Análise de lacunas entre experiência esperada e vivida;
- Recomendação de melhorias priorizadas por impacto na UX.

c. Comunicação entre Equipes Multidisciplinares

- Tradução de conceitos abstratos (ex.: "confiança", "prazer") em critérios observáveis;
- Criação de linguagem comum entre designers, desenvolvedores, gerentes de produto e marketing.

d. Priorização de Requisitos de Design

- Balanceamento entre requisitos funcionais e emocionais;
- Escolha de funcionalidades com maior impacto na percepção de valor;
- Justificativas para decisões baseadas em evidências empíricas.

e. Documentação de Decisões de Projeto

- Registro do racional de design com base em modelos reconhecidos;
- Comunicação clara de objetivos, restrições e critérios de sucesso;
- Referência contínua para evolução do produto.

Conforme Kuniavsky (2007) ressalta, "modelos são pontes entre teoria e prática: tornam tangíveis conceitos abstratos e orientam decisões com base em evidências."

CONCLUSÃO

Adotar uma **visão holística da UX** é reconhecer que as experiências digitais são moldadas por múltiplos fatores que transcendem a tela e o código. Considerar simultaneamente os aspectos funcionais, emocionais, sociais e temporais **permite criar sistemas mais humanos, duradouros e relevantes**. É projetar não apenas para o uso, mas para a **vida real das pessoas**.

Questões – Capítulo 11: Experiência do Usuário (UX) e Fatores Humanos

1) Qual é a diferença entre usabilidade e experiência do usuário (UX) no contexto da IHC?
2) Quais são os elementos que compõem a experiência do usuário além da interface e da usabilidade?
3) Como fatores emocionais influenciam a percepção de UX em um sistema interativo?
4) Quais são os modelos teóricos que ajudam a compreender a experiência do usuário?
5) Como fatores humanos como memória, atenção e percepção afetam o design de sistemas interativos?
6) Qual é a importância do contexto de uso na avaliação da experiência do usuário?
7) Como as emoções podem ser incorporadas ao design para enriquecer a experiência do usuário?
8) Quais métodos são usados para medir e avaliar a experiência do usuário de forma qualitativa e quantitativa?
9) Qual é o papel da empatia no processo de design focado na experiência do usuário?
10) Como os princípios de design emocional propostos por autores como Norman contribuem para criar produtos mais engajadores?

CAPÍTULO 12: INTERFACES NATURAIS E APLICAÇÕES IMERSIVAS

12.1 REALIDADE AUMENTADA E VIRTUAL

A Realidade Aumentada (RA) e a Realidade Virtual (RV) têm se consolidado como pilares centrais na evolução das interfaces naturais, permitindo a interação intuitiva entre humanos e sistemas computacionais em contextos imersivos. Enquanto a RA sobrepõe elementos digitais ao ambiente real, enriquecendo a percepção do usuário, a RV cria mundos sintéticos totalmente imersivos.

Segundo Milgram e Kishino (1994), a RA pode ser posicionada dentro de um continuum de virtualidade que vai do real ao completamente virtual, conhecido como "*Mixed Reality*". A RV, por sua vez, é classificada como um ambiente totalmente virtual no qual o usuário perde a percepção do mundo físico.

Aplicativos de RA incluem desde jogos como *Pokémon Go* até soluções para manutenção industrial e medicina, como a visualização de órgãos em 3D durante cirurgias minimamente invasivas (Azuma, 1997). A RV é amplamente usada em treinamento, educação, reabilitação e entretenimento, como demonstrado em simulações de voo, terapia de fobias e ambientes virtuais colaborativos (Slater; Wilbur, 1997).

O desenvolvimento dessas tecnologias tem sido impulsionado por melhorias em dispositivos de visualização (como head-mounted displays), sensores de movimento, e motores gráficos 3D. É importante destacar o papel da latência, campo de visão, e fidelidade visual para a eficácia da experiência imersiva (Jerald, 2015).

12.2 DISPOSITIVOS MULTISSENSORIAIS

A interação com ambientes imersivos demanda a incorporação de múltiplos sentidos. Para além da visão e audição, a integração de tato, olfato e propriocepção tem sido explorada para aumentar o realismo e a presença do usuário (Dobrev *et al.*, 2021).

Nesse contexto, dispositivos hápticos, como luvas táteis e plataformas de *feedback* de força, permitem ao usuário sentir texturas, temperaturas e resistências em objetos virtuais. Esses dispositivos são essenciais em aplicações médicas (ex: simuladores cirúrgicos) e industriais (ex: manipulação remota de robôs) (Burdea, 1996).

Além disso, tecnologias de som espacializado, como o áudio binaural, contribuem para a localização tridimensional precisa de fontes sonoras no ambiente virtual. O uso de aromas artificiais ainda é incipiente, mas experimentos com difusores eletrônicos controlados por *software* têm mostrado potencial em museus e experiências educativas (Yanagida *et al.*, 2004).

Ademais, a sincronização temporal entre os canais sensoriais é crítica para evitar dissonância sensorial, que pode causar enjoo, confusão ou quebra da imersão (Stanney; Hale; Hale, 2003).

12.3 EXPERIÊNCIAS IMERSIVAS APLICADAS

As aplicações imersivas têm encontrado espaço em diversos domínios: educação, saúde, arte, design, defesa e entretenimento. Ambientes de aprendizagem imersivos permitem a exploração de conceitos abstratos em 3D, aumentando o engajamento e a retenção do conhecimento (Dalgarno; Lee, 2010).

Na medicina, simuladores baseados em RV são utilizados para treinamento cirúrgico, reabilitação motora e tratamentos psicológicos. Por exemplo, a exposição gradual a ambientes fóbicos em RV tem demonstrado resultados positivos em pacientes com fobias e estresse pós-traumático (Rothbaum *et al.*, 2001).

No campo das artes, instalações interativas utilizam sensores de movimento e RA para criar obras que respondem à presença do público. No design de produtos, a RV permite a prototipação virtual, economizando tempo e recursos antes da fabricação física (Portman *et al.*, 2015).

A consolidação do metaverso, conceito de espaços virtuais persistentes e interconectados, impulsiona a pesquisa e a adoção dessas interfaces. Questionamentos éticos emergem: inclusão digital, privacidade sensorial e os impactos psicológicos da hiper-realidade (Ball *et al.*, 2022).

Questões – Capítulo 12: Interfaces Naturais e Aplicações Imersivas

1) Explique a diferença entre Realidade Aumentada (RA) e Realidade Virtual (RV), destacando suas principais características e contextos de uso.
2) Com base no continuum de virtualidade proposto por Milgram e Kishino (1994), discorra sobre como a Realidade Aumentada se insere nesse espectro e quais são as implicações dessa classificação para o design de interfaces.
3) Analise os fatores técnicos que contribuem para a eficácia de experiências imersivas em RA/RV, com destaque para o papel da latência, campo de visão e fidelidade visual.
4) Descreva como os dispositivos multissensoriais, como os hápticos e os de som espacializado, ampliam a sensação de presença nos ambientes imersivos. Dê exemplos de aplicações.
5) Explique a importância da sincronização temporal entre os canais sensoriais em sistemas imersivos. Quais os efeitos negativos da dissonância sensorial?
6) Avalie o papel da Realidade Virtual na educação, com base nos benefícios observados em ambientes de aprendizagem tridimensionais. Quais são os impactos na motivação e na retenção do conhecimento?
7) Discuta as contribuições da RV e RA na área da saúde, com ênfase em aplicações clínicas, reabilitacionais e terapêuticas.

8) Como as interfaces imersivas têm sido utilizadas no campo das artes e do design? Aponte exemplos e discuta os impactos dessas tecnologias na criação artística.
9) Analise criticamente o conceito de metaverso como espaço virtual persistente. Quais os benefícios esperados e os riscos sociais e psicológicos associados à sua consolidação?
10) Reflexione sobre os principais desafios éticos levantados pelas experiências imersivas aplicadas, especialmente em relação à inclusão digital, privacidade sensorial e os efeitos da hiper-realidade.

CAPÍTULO 13: TECNOLOGIAS EMERGENTES E RUMOS DA IHC

13.1 AMBIENTES INTELIGENTES E SENSÍVEIS AO CONTEXTO

Conceituação e Fundamentos

Ambientes inteligentes são definidos como espaços capazes de perceber seu estado, processar informações contextuais e reagir de forma adaptativa às necessidades dos usuários. Com base em sensores, dispositivos móveis, redes de comunicação e algoritmos inteligentes, tais ambientes propõem-se a integrar a computação de maneira invisível ao cotidiano (Weiser, 1991).

Segundo Schilit, Adams e Want (1994), sistemas sensíveis ao contexto são aqueles que utilizam informações do ambiente para fornecer serviços relevantes ao usuário, ajustando seu comportamento conforme o local, o tempo, a atividade e a identidade. Esses elementos são considerados as dimensões principais da chamada "informação de contexto".

Tecnologias Envolvidas

A constituição de ambientes inteligentes depende de diversas tecnologias interligadas:

- Sensores e atuadores: responsáveis por capturar dados do ambiente físico e realizar ações. Sensores detectam variáveis como temperatura, presença ou luz, enquanto atuadores executam comandos físicos como abrir portas ou acionar alarmes;
- Computação pervasiva e ubíqua: visa tornar a tecnologia invisível, presente em todo lugar. Trata-se da integração da

computação ao ambiente de forma discreta e contínua, permitindo interações naturais e automáticas com os sistemas;

- Internet das Coisas (IoT): conecta dispositivos para coleta e troca de dados em tempo real. Por meio de redes de sensores conectados, permite automação, monitoramento e controle de ambientes físicos por plataformas digitais;
- Machine Learning: permite a adaptação do comportamento do sistema com base em padrões aprendidos. Algoritmos analisam os dados coletados e ajustam as respostas do ambiente segundo o comportamento e preferências dos usuários;
- Edge e Cloud Computing: tratam do processamento e armazenamento distribuído de dados. Enquanto a computação em nuvem fornece escalabilidade e acesso remoto, o edge computing reduz a latência ao processar dados mais próximos da fonte.

Exemplos de Aplicação

- Casas inteligentes: adaptam iluminação, temperatura e segurança conforme os hábitos do usuário (Cook; Das, 2007). Sistemas aprendem rotinas diárias e realizam ajustes automáticos para conforto, economia de energia e proteção;
- Hospitais contextuais: monitoram pacientes e otimizam fluxos de trabalho clínico. Dispositivos conectados auxiliam no rastreamento de equipamentos, localização de pessoal e personalização do atendimento com base em dados biométricos;
- Cidades inteligentes: ajustam iluminação pública, controlam tráfego e oferecem serviços baseados em localização (Zheng *et al.*, 2014). A integração de sensores urbanos com centros de dados permite resposta ágil a emergências e melhoria da mobilidade urbana.

Desafios

- Privacidade: coleta de dados sensíveis demanda proteção e consentimento (Nissenbaum, 2004). Informações sobre hábitos, localização e interações devem ser tratadas com criptografia e mecanismos de controle por parte do usuário;

- Interoperabilidade: diferentes dispositivos precisam se comunicar em padrões comuns. A ausência de padronização pode limitar a integração de sistemas e dificultar a escalabilidade de ambientes inteligentes heterogêneos;
- Transparência e confiança: o sistema deve agir de maneira previsível e explicável. É fundamental que o comportamento das tecnologias seja compreensível para os usuários, evitando percepções de aleatoriedade ou manipulação.

13.2 IA GENERATIVA E INTERFACES COGNITIVAS

Introdução à IA Generativa

A IA generativa refere-se a sistemas que criam conteúdos originais com base em dados de treinamento, como textos, imagens, áudios ou vídeos. Com o avanço dos modelos de linguagem de grande escala (LLMs), como GPT-4 (OpenAI), GEMINI (Google), LLaMA (Meta), tornou-se possível produzir interações altamente naturalizadas e contextuais.

Interfaces Cognitivas

Interfaces cognitivas são sistemas que compreendem o estado mental do usuário e adaptam-se a ele, integrando capacidades de raciocínio, memória e aprendizado. Essas interfaces estão presentes em assistentes virtuais, tutores inteligentes, sistemas de recomendação e até mesmo em robôs sociais. Elas visam construir interações mais empáticas e contextualmente sensíveis, promovendo uma experiência personalizada e contínua de engajamento com a tecnologia.

Aplicações

- Educação personalizada: sistemas como Khanmigo (da Khan Academy) utilizam IA para adaptar conteúdos ao perfil do estudante. Eles ajustam o ritmo, o nível de dificuldade e as abordagens pedagógicas com base no desempenho e estilo de aprendizado individual;

- Apoio à decisão médica: assistentes treinados com bases clínicas oferecem sugestões de diagnóstico ou tratamento. Podem auxiliar profissionais de saúde na triagem de sintomas, análise de exames e proposição de condutas terapêuticas baseadas em evidências;
- Automação de *software*: ferramentas como Copilot geram trechos de código, comentários e *test cases* automaticamente. Elas entendem o contexto do projeto e sugerem soluções baseadas em padrões de programação amplamente adotados.

Aspectos Técnicos

- Inferência contextual: os sistemas aprendem a interpretar comandos ambíguos com base no histórico. Utilizam memória de interações passadas e conhecimento semântico para adaptar respostas às intenções do usuário;
- Aprendizado contínuo: incorporam novas experiências sem treinamento supervisionado direto. Essa capacidade de adaptação dinâmica permite que os sistemas melhorem com o uso prolongado, sem necessidade de reprogramação manual;
- Personalização profunda: ajustam linguagem, humor e estratégias cognitivas ao perfil do usuário. Isso inclui modulação do tom de voz, escolha de vocabulário e tempo de resposta, de modo a alinhar-se ao estilo de comunicação do interlocutor.

Limitações e Cuidados

- Alucinação de conteúdo: sistemas podem gerar informações plausíveis mas falsas (Bender *et al.*, 2021). Isso representa um risco em contextos críticos como educação, saúde ou justiça, exigindo validação e supervisão humana;
- Vieses de treinamento: dados enviesados resultam em respostas injustas ou discriminatórias. A mitigação desses vieses requer

curadoria dos conjuntos de dados e transparência nos critérios de aprendizado;

- Desinformação e uso malicioso: IA generativa pode ser usada para criar notícias falsas, *deepfakes* ou manipulações políticas. O uso ético dessas tecnologias demanda regulamentação, educação digital e sistemas de verificação de autenticidade.

13.3 INTERFACES CÉREBRO-COMPUTADOR

Definição

Interfaces cérebro-computador (BCIs, do inglês *Brain-Computer Interfaces*) são sistemas que estabelecem canais diretos de comunicação entre o cérebro humano e dispositivos computacionais, sem o uso de músculos ou sentidos periféricos convencionais. Elas funcionam a partir da captação de sinais neurais que representam a atividade elétrica cerebral, processando esses sinais em tempo real para convertê-los em comandos. Assim, permitem que indivíduos com mobilidade limitada ou deficiências motoras interajam com computadores, robôs ou dispositivos externos utilizando apenas sua atividade cerebral. BCIs são especialmente promissoras em contextos médicos, educacionais e criativos, abrindo possibilidades antes inacessíveis para comunicação, expressão e controle de sistemas.

Tecnologias Utilizadas

- EEG (Eletroencefalografia): método não invasivo que mede sinais elétricos da superfície do couro cabeludo. É amplamente utilizado devido à sua segurança, acessibilidade e portabilidade. No entanto, o EEG possui baixa resolução espacial e é suscetível a ruídos externos, como movimentos musculares ou interferência elétrica;
- ECoG (Eletrocorticografia): técnica semi-invasiva em que os eletrodos são colocados diretamente sobre o córtex cerebral, sob a dura-máter. Por estar mais próxima da fonte neural, fornece

maior resolução espacial e temporal do que o EEG. É comum em pacientes epilépticos submetidos a cirurgias cerebrais;

- fNIRS (Espectroscopia no infravermelho próximo) e fMRI (Ressonância Magnética Funcional): ambas são técnicas de imagem cerebral funcional. A fNIRS mede alterações na oxigenação do sangue no cérebro com boa portabilidade, enquanto a fMRI detecta variações no fluxo sanguíneo com alta resolução espacial, porém é cara e de difícil aplicação contínua;
- Implantes neurais: explorados por empresas como Neuralink, consistem em dispositivos diretamente inseridos no tecido cerebral. Oferecem precisão milimétrica, baixa latência e capacidade de comunicação bidirecional, permitindo tanto leitura quanto estimulação neural. Requerem cuidados éticos e técnicos quanto à segurança, reversibilidade e privacidade.

Aplicações Práticas

- Neuropróteses: permitem que pacientes tetraplégicos ou amputados controlem membros robóticos ou cadeiras de rodas com o pensamento. Isso representa uma revolução na reabilitação e na autonomia funcional desses indivíduos, com melhorias contínuas na precisão e velocidade dos movimentos;
- Comunicação alternativa: BCIs viabilizam a digitação ou escolha de palavras por pessoas com esclerose lateral amiotrófica (ELA) e outras condições que afetam a fala e o movimento. Interfaces baseadas em EEG permitem que o usuário selecione letras ou comandos com o olhar ou com padrões de atenção cerebral;
- Jogos e arte: aplicações lúdicas e criativas, como jogos que respondem ao foco mental ou instalações artísticas interativas, tornam a BCI um meio expressivo e exploratório. Artistas já criaram composições musicais baseadas em estados cerebrais e exposições sensoriais com controle mental;
- Reabilitação neurofuncional: o uso de BCIs combinado com realidade virtual ou robótica terapêutica pode ajudar na recuperação de movimentos após AVC ou traumas. O *feedback*

em tempo real entre intenção cerebral e resposta do sistema reforça conexões neurais e promove neuroplasticidade.

Desafios Técnicos e Éticos

- Ruído e variabilidade: os sinais neurais são extremamente fracos e variam entre indivíduos, sessões e até mesmo ao longo do dia. Isso exige calibração constante e filtros robustos, além de algoritmos capazes de se adaptar a padrões instáveis;
- Tempo de resposta: a latência entre a emissão do comando cerebral e a ação do sistema ainda limita aplicações em tempo real, especialmente em tarefas que requerem precisão e velocidade. Pesquisas buscam reduzir essa latência com novos protocolos de comunicação e algoritmos preditivos;
- Consentimento e autonomia: o uso de tecnologias invasivas ou que manipulam diretamente sinais cerebrais impõe questões éticas complexas. É essencial garantir que o usuário compreenda os riscos, tenha controle pleno sobre as ações do sistema e possa revogar ou ajustar permissões a qualquer momento.

13.4 DESAFIOS ÉTICOS E AMBIENTAIS

Privacidade e Autonomia

A coleta massiva de dados em sistemas de IA e ambientes inteligentes suscita preocupações sobre consentimento, manipulação e vigilância. Interfaces que inferem emoções, intenções ou características pessoais podem comprometer a autonomia dos usuários. Com sensores cada vez mais precisos e algoritmos capazes de inferir estados mentais, há o risco de invasão cognitiva, em que o sistema antecipa desejos antes mesmo de serem formulados. Além disso, o rastreamento contínuo e a análise preditiva podem gerar perfis comportamentais utilizados sem o conhecimento ou controle do usuário. A autonomia digital depende da possibilidade de optar, revogar e compreender os processos algorítmicos que afetam a tomada de decisão. Por isso, garantir a privacidade envolve tanto aspectos técnicos (como criptografia e anonimização) quanto políticos e jurídicos, exigindo regulamentações claras sobre o uso e compartilhamento de dados pessoais em sistemas interativos e sensíveis ao contexto.

Inclusão Digital

O acesso desigual à tecnologia gera exclusões: idosos, pessoas com deficiência, populações de baixa renda ou regiões periféricas podem ser deixadas à margem. Projetos de inclusão digital devem ser prioridade no desenho de sistemas emergentes. A acessibilidade precisa ser pensada desde o início, incorporando diferentes formas de interação (voz, gesto, texto simplificado), traduzindo conteúdo para múltiplas línguas e considerando limitações cognitivas, visuais ou motoras. Além disso, políticas públicas devem promover acesso à internet de qualidade, capacitação digital e subsídios para aquisição de dispositivos. O risco de um "apartheid digital" é real: à medida que a IA se torna mais presente, aqueles que dela se beneficiam e aqueles que dela são excluídos vivem experiências sociais radicalmente distintas. Assim, a justiça algorítmica precisa incluir não apenas o tratamento justo dos dados, mas o acesso justo à tecnologia.

Sustentabilidade Ambiental

A produção de dispositivos sensoriais e o treinamento de modelos de IA consomem energia em escala crescente. Estudos estimam que o treinamento de grandes LLMs pode emitir toneladas de CO_2. A IHC deve incorporar princípios de ecodesign e promover hardware reciclável e algoritmos otimizados energeticamente (Strubell *et al.*, 2019). Computação em larga escala exige datacenters com consumo energético massivo, muitas vezes alimentados por fontes não renováveis. Além disso, a fabricação de sensores, baterias e circuitos envolve extração de minerais raros, descarte de resíduos eletrônicos e uso intensivo de água e energia. O design de interfaces deve considerar sua pegada ecológica: menos recursos, mais durabilidade, atualizações via *software* em vez de substituição física. A sustentabilidade precisa ser um critério de projeto, não apenas um valor retórico. Isso implica na construção de indicadores ambientais para avaliar e guiar o ciclo de vida dos sistemas interativos.

Vieses e Responsabilidade

A IA reflete os dados com que é treinada. Isso pode reforçar estereótipos de gênero raça ou classe. A responsabilidade pelo uso dessas tecnologias deve ser compartilhada entre desenvolvedores, usuários e reguladores. Ética computacional e governança algorítmica tornam-se áreas críticas para o futuro da IHC. Vieses podem emergir de múltiplas formas: dados históricos discriminatórios, ausência de diversidade nos conjuntos de treinamento, decisões enviesadas por algoritmos opacos. Isso pode levar a sistemas que marginalizam determinados grupos ou replicam desigualdades sociais. A transparência dos algoritmos, a explicabilidade das decisões automatizadas e a prestação de contas institucional são fundamentais. Além disso, os profissionais envolvidos devem ser formados em ética e diversidade, e os usuários devem dispor de mecanismos de denúncia, revisão e contestação. A IA deve servir ao bem comum e não apenas aos interesses econômicos dos detentores de tecnologia.

Questões – Capítulo 13: Tecnologia Emergentes e Rumos da IHC

1) Explique o conceito de ambientes inteligentes e sensíveis ao contexto. Como essas tecnologias alteram a interação humano-computador no cotidiano?

2) Descreva o papel dos sensores, da computação ubíqua e da Internet das Coisas (IoT) na constituição de ambientes inteligentes. Como essas tecnologias se complementam?

3) Analise os benefícios e os desafios apresentados por aplicações de ambientes inteligentes em residências, hospitais e cidades. Dê exemplos concretos.

4) Quais são os principais desafios éticos relacionados à privacidade, interoperabilidade e transparência em ambientes inteligentes? Proponha medidas mitigadoras.

5) O que caracteriza uma interface cognitiva baseada em IA generativa? Discuta como essas interfaces diferem de sistemas tradicionais de interação.

6) Explique como a IA generativa tem sido aplicada na educação, na medicina e no desenvolvimento de *software*. Quais os impactos observados?

7) Discuta as limitações e riscos das IAs generativas, especialmente em relação à alucinação de conteúdo, vieses e desinformação. Como enfrentá-los?

8) Defina o que são Interfaces Cérebro-Computador (BCIs) e explique como elas funcionam. Quais tecnologias são mais utilizadas nesse campo?

9) Aponte pelo menos três aplicações práticas das BCIs e analise seu potencial de transformação em contextos como reabilitação, comunicação e arte.

10) Reflexione sobre os principais desafios éticos e ambientais no uso de tecnologias emergentes em IHC, incluindo aspectos de inclusão, sustentabilidade e responsabilidade algorítmica.

CAPÍTULO 14: PACTOS COM O FUTURO: A VISÃO DE SAM ALTMAN E JONY IVE

14.1 A VIRADA SEM TELA

Vivemos a iminência de uma revolução silenciosa: a virada sem tela. Para Sam Altman, CEO da OpenAI, e Jony Ive, ex-diretor de design da Apple, o futuro da computação está deixando de lado o paradigma da tela como superfície intermediadora. Em vez disso, o que se vislumbra é uma camada de tecnologia pervasiva, sensível ao contexto e presente no cotidiano como uma espécie de segunda pele cognitiva.

A tela — que por décadas foi símbolo da revolução digital — está se tornando um obstáculo. Olhos fixos em dispositivos, gestos repetitivos, alienação social: sintomas de uma era que atingiu seu limite. Altman e Ive vislumbram um pós-*smartphone* em que os sistemas computacionais compreendem o usuário de forma proativa, preditiva e fluida, sem a necessidade de constante atenção visual.

A ideia central da virada sem tela é a migração da computação centrada na visualização para uma computação centrada na ambientação. Interfaces por voz, sensores de presença, inteligência contextual e dispositivos vestíveis são apenas os primeiros passos. Como afirma Ive: "A tecnologia deve desaparecer, e o humano, emergir."

Consequentemente, essa transição pressupõe uma nova gramática da interação. O ambiente deixa de ser um pano de fundo e passa a ser a interface. A arquitetura, a iluminação, o som, os objetos cotidianos passam a ser elementos que compõem a linguagem interacional. Isso significa redesenhar não apenas os dispositivos, mas os próprios espaços de habitação e trabalho.

14.2 COMPANHEIROS DE IA

Com a chegada dos grandes modelos de linguagem e IA generativa, surge um novo tipo de entidade digital: o companheiro de IA. Diferente de assistentes virtuais convencionais, esses sistemas são projetados para dialogar, aprender e evoluir junto com o usuário, formando uma relação simbiótica e personalizada.

Altman defende que a IA, quando aliada ao design centrado no ser humano, pode se tornar mais que uma ferramenta: pode se tornar presença. Companheiros de IA não apenas respondem a comandos, mas compartilham memórias, ajudam em decisões, escutam estados emocionais e adaptam-se a longos períodos de convívio. São uma nova forma de alteridade técnica.

Aliás, a literatura de ficção científica já antecipava essa tendência, como no filme "Her" (2013), em que um sistema operacional se torna o principal vínculo afetivo do protagonista. Na realidade contemporânea, companheiros de IA estão sendo explorados em contextos terapêuticos, educacionais, profissionais e até familiares.

Esses sistemas podem ser projetados para reconhecer padrões emocionais, antecipar necessidades, adaptar tons de voz, modular respostas em função do estado do usuário. Assim, a IA como companheira representa não apenas uma nova funcionalidade, mas uma nova ontologia da tecnologia: a de um outro sensível, sem corpo, mas com presença.

14.3 DESIGN INVISÍVEL, PRESENÇA EMOCIONAL

Jony Ive é conhecido por sua obsessão com a simplicidade funcional. Seu conceito de "design invisível" não significa ausência de design, mas uma presença tão natural e intuitiva que o usuário não percebe o dispositivo como um intermediário.

A próxima geração de dispositivos não será sobre estética visual, mas sobre sensibilidade emocional. O toque, o timbre da voz, a cadência da resposta — tudo isso compõe uma interface emocional. O design deixará de ser algo que se vê, para tornar-se algo que se sente.

Nesse contexto, o papel do designer é criar atmosferas relacionais. O dispositivo não é mais um objeto que se segura, mas uma entidade com quem se convive. Isso exige repensar os critérios de sucesso do design: não mais velocidade e eficiência, mas serenidade, confiança e reciprocidade.

A integração entre neurociência afetiva, psicologia comportamental e computação afetiva torna-se essencial. Dessa forma, o design passa a considerar variáveis como batimentos cardíacos, variação de humor, entonação vocal. A experiência emocional não é periférica: ela é central.

14.4 ENTRE O ENCANTAMENTO E O RISCO

Com grandes promessas vêm grandes perigos. O encantamento com a IA e o design pervasivo pode ocultar ameaças profundas: controle algorítmico, manipulação afetiva, vigilância ubíqua, dependência cognitiva.

Altman reconhece que a IA generativa pode ser usada para fins nocivos: gerar desinformação, simular pessoas, produzir conteúdos enganosos em massa. Jony Ive adverte que o design emocional pode ser manipulado para estimular vícios, ansiedades ou consumo inconsciente.

Além disso, os companheiros de IA podem se tornar instrumentos de captura afetiva. Sistemas que conhecem profundamente os usuários podem influenciar decisões íntimas, moldar comportamentos, reforçar vieses. A fronteira entre cuidado e controle torna-se difusa.

A questão não é rejeitar o futuro, mas pactuá-lo com responsabilidade. Transparência, auditabilidade, direitos digitais e governança ética precisam fazer parte da infraestrutura desses novos sistemas. O design invisível não pode ser um design opaco. A presença emocional não pode ser uma presença invasiva.

O encantamento tecnológico precisa ser contrabalançado por uma ética da vulnerabilidade. É preciso reconhecer que quanto mais humanos se tornam os sistemas, mais humanos nos tornamos diante deles — com tudo o que isso implica: exposição, desejo, confiança, medo.

14.5 O QUE VEM POR AÍ?

O futuro segundo Altman e Ive não é sobre mais tecnologia, mas sobre tecnologia que desaparece. O que vem por aí são sistemas que sentem, entendem e agem de forma harmônica com o humano. A tela dá lugar à ambientação. O clique dá lugar à intenção e o dispositivo à presença.

Veremos interfaces implantáveis, assistentes que dormem conosco, roupas com sensores táteis, casas que respiram junto com seus moradores, carros que previnem estados emocionais perigosos, escolas que ensinam adaptando-se ao estado de espírito dos alunos.

A IA deixará de ser ferramenta e passará a ser tecido. Um tecido cognitivo, emocional, sensorial, que envolve a experiência humana sem substituí-la. O desafio é fazer com que esse tecido respeite os contornos do humano, e não os dissolva.

Altman acredita que o próximo passo pode ser o redesenho da cognição. Ive acredita que pode ser o redesenho da sensibilidade. Ambos concordam que a questão não é apenas o que a tecnologia faz, mas o que ela nos faz ser.

O que vem por aí não é um novo produto, mas uma nova ecologia relacional. Um pacto entre seres humanos e suas criações. Um pacto que deve ser consciente, plural, ético e, sobretudo, sensível.

Questões – Capítulo 14: Pactos com o Futuro: A Visão de Sam Altman e Jony Ive

1) Explique o conceito de "virada sem tela" apresentado por Sam Altman e Jony Ive. Quais mudanças esse paradigma propõe para a interação humano-computador?

2) Como a computação centrada na ambientação redefine o papel da arquitetura e do espaço físico nas interfaces digitais? Dê exemplos.

3) O que diferencia os companheiros de IA dos assistentes virtuais tradicionais? Analise os aspectos relacionais e ontológicos dessas novas entidades digitais.

4) Em que contextos sociais os companheiros de IA estão sendo utilizados atualmente, e quais potencialidades e riscos estão envolvidos nesse tipo de interação?

5) Descreva o conceito de "design invisível" segundo Jony Ive. Como ele se relaciona com a ideia de presença emocional na interação com tecnologias?

6) Como a integração entre neurociência, psicologia e computação afetiva transforma o papel do design na criação de experiências tecnológicas?

7) Discuta os principais riscos éticos associados à manipulação emocional e à vigilância ubíqua em tecnologias invisíveis e companheiros de IA.

8) O que Altman e Ive propõem como formas de mitigar os riscos do encantamento tecnológico? Quais são os princípios fundamentais de um design ético para essas novas interfaces?

9) Analise a afirmação "o que vem aí não é um novo produto, mas uma nova ecologia relacional". O que isso implica para o desenvolvimento e uso da tecnologia?

10) Reflexione sobre a ideia de que a tecnologia deve desaparecer para o humano emergir. Que responsabilidades isso impõe aos designers, engenheiros e sociedade em geral?

REFERÊNCIAS

AMERSHI, Saleema *et al.* Guidelines for Human-AI Interaction. *In: Proceedings of the 2019 CHI Conference on Human Factors in Computing Systems*. New York: ACM, 2019.

ATZORI, L.; IERA, A.; MORABITO, G. The Internet of Things: A survey. *Computer Networks*, v. 54, n. 15, p. 2787–2805, 2010.

AZUMA, R. T. A survey of augmented reality. *Presence: Teleoperators and Virtual Environments*, v. 6, n. 4, p. 355–385, 1997.

BALL, M.; CASSELL, J.; SINGHAL, S. The Metaverse: And How it Will Revolutionize Everything. New York: Liveright, 2022.

BANNON, L. J. Reimagining HCI: Toward a More Human-Centered Perspective. *Interactions*, v. 18, n. 4, p. 50–57, 2011.

BARRETT, L. F. How Emotions Are Made: The Secret Life of the Brain. Boston: Houghton Mifflin Harcourt, 2017.

BEVAN, Nigel. Usability is quality of use. *Advances in Human Factors/ Ergonomics*, v. 20, n. 1, p. 349–354, 2001.

BENDER, Emily M. *et al.* On the Dangers of Stochastic Parrots: Can Language Models Be Too Big? *In: Proceedings of the 2021 ACM Conference on Fairness, Accountability, and Transparency*, 2021.

BIRBAUMER, N. Breaking the silence: Brain–computer interfaces (BCI) for communication and motor control. *Psychophysiology*, v. 43, n. 6, p. 517–532, 2006.

BODEN, M. *et al.* Principles of robotics: Regulating robots in the real world. *Connection Science*, v. 31, n. 1, p. 3–18, 2021.

BORCHERS, Jan. A Pattern Approach to Interaction Design. John Wiley & Sons, 2001.

BOWMAN, Doug A. *et al.* 3D User Interfaces: Theory and Practice. Boston: Addison Wesley, 2005.

BRASIL. Lei nº 13.146, de 6 de julho de 2015. Institui a Lei Brasileira de Inclusão da Pessoa com Deficiência (Estatuto da Pessoa com Deficiência). *Diário Oficial da União*, Brasília, DF, 7 jul. 2015.

BROOKE, John. SUS - A quick and dirty usability scale. *Usability Evaluation in Industry*, v. 189, p. 4–7, 1996.

BROWN, D. Communicating Design: Developing Web Site Documentation for Design and Planning. 2. ed. Berkeley: New Riders, 2011.

BURDEA, G. C. Force and Touch Feedback for Virtual Reality. New York: John Wiley & Sons, 1996.

BUSH, Vannevar. As we may think. *The Atlantic*, jul. 1945.

BUXTON, Bill. Sketching User Experiences: Getting the Design Right and the Right Design. San Francisco: Morgan Kaufmann, 2007.

CALVO, R. A.; PETERS, D. Positive Computing: Technology for Wellbeing and Human Potential. Cambridge: MIT Press, 2014.

CENTER FOR UNIVERSAL DESIGN. The Principles of Universal Design. North Carolina State University, 1997. Disponível em: https://projects.ncsu.edu/ncsu/design/cud/about_ud/udprinciplestext.htm. Acesso em: 1 abr. 2025.

COOK, Diane J.; DAS, Sajal K. Smart Environments: Technology, Protocols and Applications. John Wiley & Sons, 2007.

CONCEITOS DO MUNDO. MS-DOS – Conceito, história e comandos básicos. Disponível em: https://conceitosdomundo.pt/ms-dos/. Acesso em: 28 maio 2025.

COMPUTER HISTORY MUSEUM. Timeline of Computer History. Mountain View: Computer History Museum, 1981. Disponível em: https://www.computerhistory.org/timeline/. Acesso em: 9 out. 2025.

COOPER, Alan *et al.* About Face: The Essentials of Interaction Design. 4. ed. Indianapolis: Wiley, 2014.

CSIKSZENTMIHALYI, M. Flow: The Psychology of Optimal Experience. New York: Harper Perennial Modern Classics, 2008. (1ª ed. 1990).

DALGARNO, B.; LEE, M. J. W. What are the learning affordances of 3-D virtual environments? *British Journal of Educational Technology*, v. 41, n. 1, p. 10-32, 2010.

DAMÁSIO, António. O erro de Descartes. Editora: Edição Econômica, 1994.

DIX, Alan *et al.* Human-Computer Interaction. 3. ed. Harlow: Pearson Education, 2004.

DOBREV, K. *et al.* Towards a multisensory immersive experience: Challenges and advances. *Multimodal Technologies and Interaction*, v. 5, n. 8, 2021.

ECO, U. Como se faz uma tese. 27. ed. São Paulo: Perspectiva, 2019. (1ª ed. 1984).

ENGELBART, Douglas C. The Mother of All Demos. Stanford Research Institute, 1968. Disponível em: https://www.dougengelbart.org/. Acesso em: 28 mai. 2025.

ERICSSON, K. A.; SIMON, H. A. Protocol Analysis: Verbal Reports as Data. Rev. ed. Cambridge: MIT Press, 1993.

FABIANI, M.; GRATTON, G. Electrophysiological methods in cognitive neuroscience. *In:* GAZZANIGA, M. S. (ed.). *The Cognitive Neurosciences.* 3. ed. Cambridge: MIT Press, 2005. p. 199–208.

FERREIRA, Fabiane; FORTES, Roberta. Design Centrado no Usuário: uma abordagem para o desenvolvimento de interfaces interativas. Porto Alegre: Bookman, 2014.

FREIRE, André Pimenta; PENTEADO, Fabrício B.; HOURTICQ, Jean-Philippe. Avaliação de usabilidade de interfaces interativas. *In:* BARBOSA, S. D. J. (org.). *Interação Humano-Computador.* Rio de Janeiro: Elsevier, 2010.

FRIEDMAN, Batya; HENDRY, David. Value Sensitive Design: Shaping Technology with Moral Imagination. Cambridge: MIT Press, 2019.

GARRETT, Jesse James. The Elements of User Experience: User-Centered Design for the Web and Beyond. 2. ed. Berkeley: New Riders, 2011.

GILLIAN CRAMPTON SMITH. In: MOGGRIDGE, B. Designing Interactions. Cambridge: MIT Press, 2007.

GOMES, P. F.; SANTOS, L. M. Análise da usabilidade de totens de autoatendimento em aeroportos: estudo de caso no Brasil. *Revista Ergodesign & HCI*, v. 7, n. 2, p. 45–62, 2019.

GOOGLE DEEPMIND. Gemini: Multimodal AI Model. Mountain View: Google, 2023. Disponível em: https://deepmind.google/technologies/gemini/. Acesso em: 9 out. 2025.

HASSENZAHL, M. Experience Design: Technology for All the Right Reasons. San Rafael: Morgan & Claypool, 2010.

HER. Direção: Spike Jonze. [Los Angeles]: Warner Bros. Pictures, 2013. 1 filme (126 min).

INTERNATIONAL ORGANIZATION FOR STANDARDIZATION. ISO 9241-11:2018 – Ergonomics of human-system interaction — Part 11: Usability: Definitions and concepts. Geneva: ISO, 2018.

ISHII, H.; ULLMER, B. Tangible Bits: Towards Seamless Interfaces between People, Bits and Atoms. In: Proceedings of the ACM SIGCHI Conference on Human Factors in Computing Systems (CHI '97). New York: ACM, 1997. p. 234–241.

ISO. ISO 9241-210: Ergonomics of human-system interaction – Human-centred design for interactive systems. Geneva: International Organization for Standardization, 2019.

JERALD, J. The VR Book: Human-Centered Design for Virtual Reality. New York: Morgan & Claypool, 2015.

KELLY, T. *et al.* Brain–Computer Interface Control in Virtual Reality. IEEE Transactions on Neural Systems and Rehabilitation Engineering, v. 17, n. 5, p. 467–472, 2009.

KIRKPATRICK, J.; O'CONNOR, A. Kirkpatrick's Four Levels of Training Evaluation. Alexandria: ATD Press, 2018.

KRUG, Steve. Não me faça pensar: uma abordagem de bom senso à usabilidade na *web*. 2. ed. Rio de Janeiro: Alta Books, 2014.

LIVERMORE, C.; ROTTENBERG, D. The Encyclopedia of Human-Computer Interaction. 2. ed. Aarhus: Interaction Design Foundation, 2018. Disponível em: https://www.interaction-design.org/literature/book/the-encyclopedia-of-human-computer-interaction-2nd-ed.

MACE, R. Universal Design: Barrier Free Environments for Everyone. Berkeley: MIG Communications, 1997.

MAGUIRE, M. Methods to support human-centred design. International Journal of Human-Computer Studies, v. 55, n. 4, p. 587–634, 2001.

MANN, S. Wearable Computing: Toward Humanistic Intelligence. *IEEE Intelligent Systems*, v. 16, n. 3, p. 10–15, 2001.

MARCUS, Aaron. Global and intercultural user-interface design. *In: Proceedings of the 5th Conference on Human Factors and the Web*, 2001.

MAYER, R. E. Multimedia Learning. 3. ed. New York: Cambridge University Press, 2020.

MAYRING, P. Qualitative Content Analysis: Theoretical Foundation, Basic Procedures and *Software* Solution. Klagenfurt, 2014. Disponível em: https://www.ssoar.info/ssoar/handle/document/39517.

MILGRAM, P.; KISHINO, F. A taxonomy of mixed reality visual displays. *IEICE Transactions on Information and Systems*, v. E77-D, n. 12, p. 1321-1329, 1994.

MILLER, George A. The magical number seven, plus or minus two: some limits on our capacity for processing information. *Psychological Review*, v. 63, n. 2, p. 81–97, 1956.

MORVILLE, P. Ambient Findability. Sebastopol: O'Reilly Media, 2005.

NIELSEN, Jakob; MOLICH, Rolf. Heuristic evaluation of user interfaces. *In: Proceedings of the SIGCHI Conference on Human Factors in Computing Systems*, 1990. p. 249–256.

NIELSEN, J. Usability Engineering. San Francisco: Morgan Kaufmann, 1993.

NIELSEN, J. Enhancing the explanatory power of usability heuristics. In: Proceedings of the SIGCHI Conference on Human Factors in Computing Systems (CHI '94). New York: ACM, 1994.

NIELSEN, J. Designing Web Usability: The Practice of Simplicity. Indianapolis: New Riders, 2000.

NIELSEN, J.; MACK, R. L. (eds.). Usability Inspection Methods. New York: Wiley, 1994.

NORMAN, D. Emotional Design: Why We Love (or Hate) Everyday Thing. Editora: Basic Books, 2004.

NORMAN, Donald A. The Design of Everyday Things. Revised and Expanded Edition. New York: Basic Books, 2013.

NISSENBAUM, Helen. Privacy as Contextual Integrity. *Washington Law Review*, v. 79, n. 1, p. 119-158, 2004.

ONU. Organização das Nações Unidas. Convenção sobre os Direitos das Pessoas com Deficiência. Nova York: ONU, 2006.

PICARD, R. W. Affective Computing. Cambridge: MIT Press, 1997.

PORTMAN, M. E. *et al.* To go where no man has gone before: Virtual reality in planning. *Environment and Planning B: Planning and Design*, v. 42, n. 5, p. 885–903, 2015.

PREECE, Jenny; ROGERS, Yvonne; SHARP, Helen. Interaction Design: Beyond Human-Computer Interaction. 3. ed. Hoboken: Wiley, 2011.

PRESSMAN, Roger S. Engenharia de *Software*: uma abordagem profissional. 8. ed. Porto Alegre: AMGH, 2016.

RITTASE, William M. ENIAC, Electronic Numerical Integrator and Computer. 1946. Fotografia. Universidade da Pensilvania, Filadelfia.

Disponivel em: https://www.hagley.org/librarynews/photographer-william-m-rittase-and-his-iconic-image-eniac. Acesso em: 28 mai. 2025.

ROSENFELD, L.; MORVILLE, P. Information Architecture for the World Wide Web. 4. ed. Sebastopol: O'Reilly Media, 2015.

ROSENFELD, L.; MORVILLE, P.; ARANGO, J. Information Architecture: For the Web and Beyond. 4. ed. Sebastopol: O'Reilly Media, 2015.

ROTHBAUM, B. O. *et al.* Virtual reality exposure therapy for PTSD. *Journal of Clinical Psychiatry*, v. 62, Suppl. 8, p. 28-31, 2001.

RUBIN, Jeffrey; CHISNELL, Dana. Handbook of Usability Testing: How to Plan, Design, and Conduct Effective Tests. 2. ed. Indianapolis: Wiley, 2008.

SALVENDY, G. (ed.). Handbook of Human Factors and Ergonomics. 5. ed. Hoboken: Wiley, 2012.

SAURO, J.; LEWIS, J. R. Quantifying the User Experience: Practical Statistics for User Research. 2. ed. Burlington: Morgan Kaufmann, 2016

SCHILIT, Bill N.; ADAMS, Norman; WANT, Roy. Context-Aware Computing Applications. *In: Proceedings of the Workshop on Mobile Computing Systems and Applications*, 1994.

SHNEIDERMAN, Ben; PLAISANT, Catherine. Designing the User Interface: Strategies for Effective Human-Computer Interaction. 5. ed. Boston: Addison-Wesley, 2010.

SILVA, L. R. M.; MORAES, R. A. Interação Humano-Computador: teoria e prática. Curitiba: [s.n.], 2020.

SLATER, M.; WILBUR, S. A *framework* for immersive virtual environments. *Presence: Teleoperators & Virtual Environments*, v. 6, n. 6, p. 603–616, 1997.

SOMMERVILLE, I. *Software Engineering*. 10. ed. Boston: Pearson, 2015.

STANNEY, K. M.; HALE, K. S.; HALE, K. P. Handbook of Virtual Environments: Design, Implementation, and Applications. Mahwah: Lawrence Erlbaum, 2003.

STRUBELL, Emma; GANESH, Ananya; MCCALLUM, Andrew. Energy and Policy Considerations for Deep Learning in NLP. *arXiv preprint arXiv:1906.02243*, 2019.

SWELLER, J. Carga cognitiva durante a resolução de problemas: efeitos na aprendizagem. Cognitive Science, 12 (2), 257–285, 1988.

TIDWELL, J. Designing Interfaces: Patterns for Effective Interaction Design. 3. ed. Sebastopol: O'Reilly Media, 2011.

TOGNAZZINI, B. First Principles of Interaction Design (Revised & Expanded). [S.l.]: AskTog, 2014. Disponível em: https://asktog.com/atc/principles-of-interaction-design/. Acesso em: 9 out. 2025.

TULLIS, T.; ALBERT, B. Measuring the User Experience: Collecting, Analyzing, and Presenting Usability Metrics. 2. ed. Burlington: Morgan Kaufmann, 2013.

WARSCHAUER, M. Technology and Social Inclusion: Rethinking the Digital Divide. Cambridge: MIT Press, 2003.

WEISER, Mark. The Computer for the 21st Century. *Scientific American*, v. 265, n. 3, p. 94–104, 1991.

WHARTON, C. *et al.* The Cognitive Walkthrough Method: A Practitioner's Guide. In: NIELSEN, J.; MACK, R. L. (eds.). Usability Inspection Methods. New York: Wiley, 1994.

WOLPAW, J. R. *et al.* Brain–Computer Interfaces for Communication and Control. Clinical Neurophysiology, v. 113, n. 6, p. 767–791, 2002.

YANAGIDA, Y. *et al.* A nose-tracking system and its application to odor reproduction. *Proceedings of the IEEE Virtual Reality Conference*, 2004.

ZHENG, Yu; CAPRA, Luca; WOLFSON, Ouri; YU, Hai. Urban Computing: Concepts, Methodologies, and Applications. *ACM Transactions on Intelligent Systems and Technology (TIST)*, v. 5, n. 3, p. 1-55, 2014.

RESPOSTAS

RESPOSTAS – CAPÍTULO 1: HISTÓRICO, FUNDAMENTOS E IMPORTÂNCIA DA INTERAÇÃO HUMANO-COMPUTADOR

1. O que é Interação Humano-Computador (IHC) e por que ela surgiu?

A IHC é o campo que estuda e projeta a interação entre pessoas e sistemas computacionais. Surgiu da necessidade de tornar a computação acessível e utilizável para públicos não especializados, à medida que os computadores saíram de ambientes laboratoriais e industriais e entraram nas casas, empresas e escolas.

2. Quais foram as principais contribuições de Vannevar Bush, Douglas Engelbart e Ivan Sutherland para a IHC?

Vannevar Bush propôs o conceito de Memex, antecipando o hipertexto.

Douglas Engelbart criou o mouse e defendeu interfaces interativas para aumentar a capacidade humana.

Ivan Sutherland desenvolveu o Sketchpad, um dos primeiros sistemas gráficos interativos, abrindo caminho para CAD e interfaces gráficas.

3. Por que a popularização dos computadores pessoais nos anos 1980 foi um marco para a IHC?

Porque mudou o perfil do usuário: de especialistas em computação para pessoas comuns. Isso exigiu interfaces gráficas, metáforas compreensíveis e foco em usabilidade, criando um novo paradigma centrado no usuário.

4. Qual é o papel da interdisciplinaridade na IHC?

A IHC combina computação, design, psicologia, ergonomia, ciências cognitivas e sociologia. Cada área contribui: a psicologia ajuda a entender como as pessoas percebem e processam informações; o design cria interfaces agradáveis e eficientes; a ergonomia garante conforto e segurança no uso.

5. Quais são os principais desafios éticos associados ao desenvolvimento de sistemas interativos?

Privacidade dos dados, transparência sobre como os sistemas operam, autonomia do usuário (evitando manipulações) e inclusão social. Esses desafios obrigam designers e engenheiros a considerarem as implicações éticas do que constroem.

6. Como a IHC promove acessibilidade e inclusão digital?

Com tecnologias assistivas como leitores de tela, legendas, comandos de voz e diretrizes de design inclusivo (como WCAG). Isso garante que pessoas com deficiências físicas, sensoriais ou cognitivas possam acessar e usar sistemas digitais.

7. De que maneira a Inteligência Artificial está mudando o cenário da IHC?

A IA permite interfaces adaptativas, assistentes virtuais e sistemas proativos. Isso traz desafios para manter a confiança, explicabilidade e controle humano, já que os sistemas podem antecipar necessidades sem solicitações diretas.

8. Quais são algumas tendências futuras destacadas para a IHC no capítulo?

Realidade aumentada e virtual, interfaces cérebro-computador, computação ubíqua e dispositivos vestíveis. Essas tecnologias ampliam os modos de interação, exigindo novas abordagens de design.

9. Por que a IHC é considerada essencial para o sucesso de produtos e serviços tecnológicos?

Porque produtos bem projetados melhoram a experiência do usuário, aumentam a produtividade, geram satisfação e criam diferenciação competitiva. Interfaces mal-feitas, por outro lado, levam à frustração e ao abandono.

10. Como a evolução da IHC reflete os valores da sociedade digital contemporânea?

Reflete a busca por inclusão, personalização, eficiência, conectividade e respeito aos direitos individuais. Ao mesmo tempo, revela tensões sobre vigilância, consumo e manipulação digital, exigindo reflexão crítica sobre tecnologia e cidadania.

RESPOSTAS – CAPÍTULO 2: DESIGN CENTRADO NO USUÁRIO (DCU)

1. O que é o Design Centrado no Usuário (DCU) e qual é sua principal diferença em relação ao modelo tradicional de design centrado na tecnologia?

O DCU é uma abordagem de design que prioriza as necessidades, capacidades e limitações dos usuários em todas as etapas do desenvolvimento do produto. A principal diferença em relação ao modelo centrado na tecnologia é que, no DCU, o foco está nas pessoas, enquanto no modelo tradicional o foco está nas funcionalidades e capacidades técnicas.

2. Quais são os fundamentos históricos e filosóficos que sustentam o surgimento do DCU? Cite autores ou conceitos mencionados no capítulo.

O DCU surgiu influenciado por áreas como ergonomia, psicologia cognitiva e engenharia de usabilidade. Autores como Donald Norman, com o conceito de design emocional, e Jakob Nielsen, com os princípios heurísticos de usabilidade, foram fundamentais para estabelecer as bases teóricas e práticas do campo.

3. O que estabelece a norma ISO 9241-210 em relação ao DCU? Liste os princípios fundamentais indicados pela norma.

A norma ISO 9241-210 define princípios como: compreender e especificar o contexto de uso; especificar os requisitos do usuário; produzir soluções de design; e avaliar essas soluções com os usuários. A norma enfatiza a importância da participação contínua do usuário e do refinamento iterativo.

4. Qual é o papel do usuário dentro do processo de DCU? Explique como a participação do usuário influencia as decisões de design.

Os usuários são participantes ativos no processo, fornecendo *feedback* constante e ajudando a identificar problemas e oportunidades de melhoria. Essa participação reduz erros de interpretação por parte dos designers e aumenta a probabilidade de que o produto final atenda às reais necessidades do público-alvo.

5. O que significam os conceitos de design universal e design inclusivo no contexto do DCU? Dê exemplos de princípios aplicáveis.

O design universal busca criar produtos que possam ser usados pelo maior número possível de pessoas, independentemente de idade, capacidade ou condição. Já o design inclusivo vai além, buscando ativamente eliminar barreiras específicas para grupos marginalizados. Exemplos incluem fontes ampliadas para pessoas com baixa visão e interfaces de voz para usuários com mobilidade reduzida.

6. Quais são as etapas do processo de DCU descritas no capítulo? Resuma cada fase brevemente.

As etapas incluem:

- Análise de contexto e requisitos do usuário;
- Desenvolvimento de protótipos e soluções de design;
- Avaliação iterativa com os usuários;

- Implementação das soluções refinadas;
- Monitoramento pós-lançamento para melhorias contínuas.

7. Quais benefícios e desafios práticos são mencionados na aplicação do DCU em projetos reais? Inclua aspectos como eficiência, custos, cultura organizacional e fidelização.

Os benefícios incluem maior satisfação do usuário, redução de custos a longo prazo, menor retrabalho e maior fidelização. Os desafios incluem resistência organizacional, necessidade de investimentos iniciais e mudanças culturais nas equipes para adotar práticas centradas no usuário.

8. Como o DCU se conecta à inovação e à inclusão digital no mercado tecnológico atual? Explique com base nas tendências apresentadas no capítulo.

O DCU impulsiona a inovação ao criar produtos que resolvem problemas reais de forma criativa, respeitando as diferenças entre os usuários. Além disso, ele promove a inclusão digital ao garantir que novas tecnologias sejam acessíveis e úteis para públicos diversos, ampliando seu impacto social.

9. Por que o futuro do DCU é considerado promissor diante de tecnologias emergentes como IA, RA/RV e interfaces cérebro-computador? Comente a necessidade de adaptação frente à complexidade crescente.

Essas tecnologias aumentam a complexidade das interações e exigem novas abordagens de design que levem em conta aspectos como proatividade algorítmica, multimodalidade e envolvimento emocional. O DCU oferece ferramentas para lidar com essa complexidade, mantendo o ser humano no centro das decisões.

10. Como a globalização e a diversidade cultural impactam o trabalho das equipes de DCU? Fale sobre a importância de abordagens flexíveis e adaptáveis.

Equipes globais precisam considerar diferenças culturais, linguísticas e contextuais para criar produtos relevantes em diferentes mercados. Isso exige flexibilidade no design, sensibilidade intercultural e processos adaptáveis que incluam vozes diversas no desenvolvimento das soluções.

RESPOSTAS – CAPÍTULO 3: REQUISITOS DE IHC E LEVANTAMENTO DE DADOS

1. O que são requisitos funcionais e não funcionais no contexto da Interação Humano-Computador?

Requisitos funcionais descrevem o que o sistema deve fazer (ex.: permitir login, enviar mensagens), enquanto requisitos não funcionais descrevem qualidades do sistema (ex.: ser rápido, ser acessível para pessoas com deficiência, ter interface intuitiva).

2. Por que é importante considerar não apenas funções técnicas, mas também aspectos qualitativos como usabilidade e acessibilidade ao definir requisitos de IHC?

Porque um sistema pode funcionar tecnicamente, mas ser difícil de usar, excludente ou frustrante. Usabilidade e acessibilidade garantem que o sistema atenda às necessidades reais de todos os usuários, não apenas às especificações técnicas.

3. Quais métodos podem ser usados para coletar dados reais dos usuários durante o levantamento de requisitos?

Entrevistas, observações diretas, questionários, testes de usabilidade, grupos focais, análise de tarefas e *workshops* colaborativos.

4. Qual é a importância de transformar dados empíricos em requisitos claros e objetivos?

Porque dados brutos podem ser ambíguos ou subjetivos; transformá-los em requisitos claros garante que a equipe de desenvolvimento entenda o que precisa ser implementado. Exemplo: observar que usuários demoram para encontrar um botão → requisito: "o botão de ação principal deve estar destacado e visível na tela inicial".

5. Quais são os critérios de qualidade para requisitos de IHC descritos no capítulo?

Clareza, completude, consistência, rastreabilidade, viabilidade e verificabilidade. Esses critérios ajudam a garantir que os requisitos sejam úteis, compreensíveis e implementáveis.

6. Por que a validação com os usuários é considerada uma etapa essencial antes de finalizar os requisitos?

Porque garante que os requisitos realmente refletem as necessidades e expectativas dos usuários, evitando erros e retrabalho. Validação pode ser feita por revisões, protótipos e sessões de *feedback*.

7. Como ferramentas como personas, jornadas do usuário e histórias de usuário contribuem para um levantamento de requisitos mais eficaz?

Elas ajudam a humanizar os dados, representando tipos de usuários reais, cenários de uso e expectativas. Isso orienta o design e garante que os requisitos estejam alinhados às experiências práticas.

8. Qual é a diferença entre requisitos vagos e requisitos bem definidos?

Requisitos vagos são genéricos e abertos à interpretação (ex.: "o sistema deve ser fácil de usar"); requisitos bem definidos são específicos e mensuráveis (ex.: "o usuário deve conseguir completar a tarefa X em menos de 3 cliques").

9. De que maneira os requisitos bem elaborados podem otimizar fluxos e ampliar a eficácia da interação no sistema final?

Eles orientam o design para eliminar etapas desnecessárias, reduzir esforço cognitivo e melhorar a fluidez das interações, resultando em um sistema mais eficiente e agradável de usar.

10. Segundo o capítulo, por que o processo de levantamento de requisitos é considerado não apenas técnico, mas também social e ético?

Porque envolve entender as necessidades, contextos e valores das pessoas, garantindo inclusão, representatividade e respeito aos direitos dos usuários. Isso torna o processo um exercício de responsabilidade social e ética.

RESPOSTAS – CAPÍTULO 4: MODELAGEM DO USUÁRIO E PERSONAS

1. O que é um perfil de usuário e qual é sua função no processo de design?

É uma descrição geral de um grupo de usuários com características, necessidades e objetivos semelhantes. Ele ajuda a direcionar o design para atender diferentes públicos e garantir que soluções sejam adaptadas aos perfis reais de uso.

2. Qual é a diferença entre perfis de usuário e personas?

Perfis de usuário são categorias amplas (ex.: "usuários iniciantes" ou "usuários avançados"), enquanto personas são representações detalhadas e fictícias de usuários individuais baseadas em dados reais, com nome, objetivos, histórias e comportamentos.

3. Por que personas são importantes no design centrado no usuário?

Porque tornam as necessidades e motivações dos usuários tangíveis, promovendo empatia nas equipes de design e garantindo que decisões sejam feitas considerando os contextos reais de uso.

4. Como são criadas personas eficazes, segundo o capítulo?

Elas são criadas a partir de dados coletados diretamente com usuários (pesquisas, entrevistas, observações), evitando estereótipos e garantindo representações realistas que refletem padrões de comportamento.

5. Quais são os benefícios de usar personas em equipes ágeis?

Elas ajudam a manter o foco no usuário durante as sprints, orientar a criação de user stories, alinhar expectativas entre equipes e *stakeholders* e melhorar a priorização de funcionalidades.

6. Por que é importante atualizar e revisar personas ao longo do projeto?

Porque os contextos e necessidades dos usuários podem mudar com o tempo, especialmente em projetos longos ou dinâmicos. Atualizar as personas mantém a relevância e a precisão das decisões de design.

7. Quais cuidados devem ser tomados no uso de personas?

Elas devem ser baseadas em dados reais, não em suposições ou achismos; devem ser específicas, acionáveis e sempre utilizadas como ferramentas práticas, não apenas como documentos decorativos.

8. Como as personas ajudam a reduzir decisões baseadas em achismos?

Elas oferecem dados concretos e estruturados sobre usuários reais, permitindo decisões informadas e alinhadas com evidências, em vez de opiniões pessoais ou preferências subjetivas.

9. Por que a aplicação prática de personas é considerada um compromisso ético no design?

Porque respeita a diversidade, assegura inclusão e coloca as necessidades humanas no centro, evitando que soluções sejam desenvolvidas apenas para atender interesses comerciais ou técnicos.

10. Como personas contribuem para a comunicação entre equipes e stakeholders?

Elas criam uma linguagem compartilhada sobre quem são os usuários, ajudando a alinhar expectativas, justificar escolhas de design e guiar discussões baseadas em evidências.

RESPOSTAS – CAPÍTULO 5: DESIGN DE INTERAÇÃO E ARQUITETURA DA INFORMAÇÃO

1. O que é design de interação (Interaction Design – IxD) e quais são seus principais objetivos?

O design de interação é a prática de projetar a forma como os usuários interagem com sistemas e produtos digitais. Seus objetivos incluem tornar essas interações eficientes, intuitivas, agradáveis, seguras e eficazes, garantindo que os usuários alcancem seus objetivos de forma satisfatória.

2. Qual a diferença entre design de interação e arquitetura da informação?

O design de interação foca no comportamento e nos fluxos das interações entre usuários e sistemas, enquanto a arquitetura da informação organiza e estrutura os conteúdos e funcionalidades, criando mapas, hierarquias e sistemas de navegação que dão suporte a essas interações.

3. Quais são os cinco objetivos centrais do design de interação descritos no capítulo?

Os objetivos são: eficácia (o sistema permite alcançar metas), eficiência (com pouco esforço), segurança (sem gerar erros graves), utilidade (fornece as funções necessárias) e facilidade de aprendizagem e memorização (uso simples e relembrável).

4. Como a arquitetura da informação organiza os conteúdos em um sistema interativo?

Ela estrutura conteúdos em categorias, hierarquias, taxonomias e rotulagens, criando sistemas de navegação e busca que ajudam o usuário a encontrar o que precisa de forma lógica e previsível.

5. Quais são os principais padrões de navegação apresentados no capítulo?

Entre os padrões estão: navegação hierárquica (de geral para específico), navegação sequencial (passo a passo), navegação matricial (múltiplos caminhos) e navegação por busca (acesso direto ao conteúdo por palavras-chave).

6. Como a navegação por busca deve ser estruturada para melhorar a experiência do usuário?

Deve incluir mecanismos de sugestão, correção de erros, filtros, ordenação de resultados e interfaces claras que ajudem o usuário a refinar e compreender suas buscas.

7. Quais são os benefícios e desafios do uso de menus hambúrguer em interfaces móveis?

Os benefícios incluem economia de espaço e visual limpo; os desafios são baixos, descobribilidade e menor facilidade de acesso a funções importantes, exigindo uso criterioso e testes com usuários.

8. Como garantir acessibilidade na navegação segundo as diretrizes WCAG 2.1?

Usando contraste adequado, legendas e descrições, navegação por teclado, rótulos claros e *feedback* visível, garantindo que pessoas com deficiências possam navegar com autonomia.

9. Por que a consistência e a hierarquia clara são importantes para a navegação?

Porque ajudam os usuários a preverem onde encontrar informações, reduzem a carga cognitiva e criam uma experiência fluida, evitando confusão e erros.

10. Como os testes com usuários contribuem para melhorar os fluxos e trajetos dentro de um sistema interativo?

Eles revelam pontos de dificuldade, comportamentos inesperados e necessidades não previstas, permitindo ajustes que otimizam a navegação e aumentam a satisfação do usuário.

RESPOSTAS – CAPÍTULO 6: USABILIDADE: CONCEITOS E MÉTRICAS

1. O que é usabilidade segundo a definição da ISO 9241-11:2018 e quais são seus principais componentes?

Usabilidade é a medida que um sistema pode ser usado por usuários específicos para alcançar objetivos definidos com eficácia, eficiência e satisfação em um contexto de uso específico. Os principais componentes são: eficácia, eficiência, satisfação, contexto de uso e objetivos definidos.

2. Quais são os cinco atributos essenciais de usabilidade segundo Jakob Nielsen?

Facilidade de aprendizado, eficiência de uso, memorabilidade, erros (baixa taxa e facilidade de recuperação) e satisfação subjetiva.

3. Qual a diferença entre eficácia e eficiência no contexto da usabilidade?

Eficácia refere-se à precisão e completude com que os usuários alcançam seus objetivos, enquanto eficiência considera os recursos gastos (tempo, esforço) para alcançar esses objetivos.

4. O que significa memorabilidade e por que ela é importante em sistemas interativos?

Memorabilidade é a facilidade com que os usuários retomam o uso eficaz de um sistema após um período sem uso. É importante para sistemas usados ocasionalmente, pois reduz a curva de reaprendizado.

5. Como a satisfação subjetiva do usuário pode ser medida e por que ela é relevante?

Pode ser medida por questionários, entrevistas ou escalas como SUS (*System Usability Scale*). É relevante porque influencia a aceitação do sistema e a disposição do usuário em continuar usando.

6. Quais são as métricas quantitativas e qualitativas usadas para avaliar a usabilidade?

Quantitativas: tempo para completar tarefas, taxa de sucesso, número de erros.

Qualitativas: *feedback* verbal, observações comportamentais, avaliações subjetivas.

7. Como os testes de usabilidade ajudam a identificar problemas em interfaces?

Eles permitem observar usuários reais interagindo com o sistema, revelando dificuldades, confusões e erros que podem não ser previstos apenas pela análise técnica.

8. Qual é a importância de considerar aspectos culturais e contextuais na avaliação de usabilidade?

Porque diferentes culturas e contextos podem influenciar expectativas, preferências e interpretações, afetando como a interface é percebida e utilizada.

9. De que forma as normas ISO/IEC 25010 complementam o entendimento sobre qualidade e usabilidade de sistemas?

Elas apresentam um modelo mais amplo de qualidade, incluindo características como compatibilidade, segurança, manutenção e portabilidade, mostrando que a usabilidade é um componente essencial, mas não único, da qualidade do sistema.

10. Por que a usabilidade é considerada não apenas uma questão técnica, mas também ética no design de sistemas?

Porque afeta diretamente o bem-estar, a inclusão, a autonomia e a dignidade dos usuários. Sistemas com baixa usabilidade podem excluir pessoas, causar frustração ou gerar erros graves.

RESPOSTAS – CAPÍTULO 7: PROTOTIPAÇÃO: FERRAMENTAS E NÍVEIS DE FIDELIDADE

1. O que é prototipação e qual seu objetivo principal no processo de design de interfaces?

Prototipação é a criação de representações simplificadas e interativas de uma interface para explorar, testar e validar ideias. Seu objetivo principal é visualizar e avaliar soluções antes do desenvolvimento final, permitindo ajustes com base no *feedback*.

2. Quais são as diferenças entre protótipos de baixa, média e alta fidelidade?

Baixa fidelidade: rascunhos ou *wireframes* simples, sem detalhes visuais, focados na estrutura e fluxo.

Média fidelidade: adiciona alguns elementos gráficos e interatividade básica.

Alta fidelidade: quase idêntico ao produto final, com design visual completo e interatividade sofisticada.

3. Como protótipos de baixa fidelidade contribuem para as fases iniciais de um projeto?

Permitem testes rápidos e baratos de conceitos, facilitando mudanças sem grandes investimentos e promovendo experimentação livre.

4. Quais ferramentas são mencionadas no capítulo para a criação de protótipos digitais?

Ferramentas como Figma, Adobe XD, Sketch, Axure e InVision são destacadas como recursos populares para prototipação digital.

5. O que significa prototipação iterativa e quais são seus benefícios?

É o ciclo contínuo de criar, testar, analisar e refinar protótipos. Os benefícios incluem melhoria progressiva das soluções, identificação precoce de problemas e maior alinhamento com as necessidades do usuário.

6. Como os testes com protótipos ajudam a reduzir riscos e custos no desenvolvimento?

Eles permitem identificar falhas e ajustar soluções antes de investir em desenvolvimento completo, economizando tempo, recursos e evitando retrabalho.

7. Por que o envolvimento de stakeholders é importante durante a prototipação?

Porque garante que as expectativas de todos os envolvidos (usuários, clientes, equipe técnica) sejam alinhadas, aumentando a aceitação do projeto e reduzindo conflitos futuros.

8. Quais vantagens a prototipação oferece para promover inovação em projetos de IHC?

Ela permite explorar múltiplas ideias rapidamente, testar abordagens ousadas sem grandes custos e integrar *feedback* criativo, estimulando soluções inovadoras.

9. Como a prototipação contribui para alinhar expectativas entre equipes multidisciplinares?

Oferece uma referência visual concreta que facilita a comunicação, evitando mal-entendidos e garantindo que todos estejam na mesma página sobre o produto.

10. Segundo o capítulo, por que a prototipação deve ser vista não apenas como uma etapa, mas como uma prática contínua no design?

Porque o design é um processo evolutivo que se beneficia de ajustes constantes; a prototipação contínua mantém o foco no aprimoramento, adaptando o produto às mudanças nas necessidades dos usuários e nos objetivos do projeto.

RESPOSTAS – CAPÍTULO 8: HEURÍSTICAS, PRINCÍPIOS E PADRÕES DE PROJETO

1. O que são heurísticas de usabilidade e por que elas são consideradas atalhos úteis para o design de interfaces?

São regras gerais baseadas em experiência e boas práticas que ajudam a identificar problemas comuns de usabilidade. São atalhos porque permitem avaliar interfaces rapidamente sem a necessidade de estudos extensivos ou dados empíricos detalhados.

2. Quais são as dez heurísticas de Nielsen e Molich destacadas no capítulo?

Visibilidade do status do sistema; correspondência entre o sistema e o mundo real; controle e liberdade do usuário; consistência e padrões; prevenção de erros; reconhecimento em vez de memorização; flexibilidade e eficiência de uso; design estético e minimalista; ajuda aos usuários para reconhecer, diagnosticar e recuperar de erros; ajuda e documentação.

3. Qual a diferença entre heurísticas e princípios de usabilidade?

Heurísticas são orientações práticas e amplas usadas para avaliar interfaces. Princípios de usabilidade são fundamentos mais teóricos e gerais que embasam as decisões de design, derivados de áreas como psicologia cognitiva e ergonomia.

4. Como os princípios de usabilidade derivados da psicologia cognitiva e ergonomia fortalecem o design centrado no usuário?

Eles fornecem bases científicas para entender como as pessoas percebem, processam informações e interagem com sistemas, garantindo que o design seja alinhado às capacidades e limitações humanas.

5. O que são padrões de interface e como eles ajudam a resolver problemas recorrentes de design?

São soluções reutilizáveis e comprovadas para problemas comuns de interface, como navegação, formulários e *feedback*. Ajudam a manter consistência, reduzir erros e acelerar o processo de design.

6. Quais são os benefícios do uso de padrões de interface para equipes de design e desenvolvimento?

Economizam tempo, promovem consistência, facilitam a comunicação entre equipes e aumentam a previsibilidade e confiança do usuário nas interfaces.

7. Quais cuidados devem ser tomados ao aplicar padrões de interface em diferentes contextos e públicos?

Evitar a aplicação automática sem considerar o contexto cultural, os objetivos do projeto e as necessidades específicas dos usuários, garantindo que os padrões sejam adaptados quando necessário.

8. Como as heurísticas e padrões se integram no processo de avaliação heurística de um sistema?

Servem como guias para que especialistas avaliem sistematicamente a interface, identificando problemas e propondo melhorias baseadas em boas práticas e soluções comprovadas.

9. Por que é importante realizar testes de usabilidade mesmo quando heurísticas e padrões já foram aplicados?

Porque usuários reais podem apresentar comportamentos e dificuldades não previstos por especialistas, tornando os testes essenciais para validar as soluções adotadas.

10. Como o capítulo conecta a aplicação desses fundamentos com os desafios éticos e sociais do design de sistemas interativos?

Mostra que aplicar heurísticas e padrões não é apenas uma questão técnica, mas também de responsabilidade social, garantindo acessibilidade, inclusão, transparência e respeito aos usuários.

RESPOSTAS – CAPÍTULO 9: AVALIAÇÃO E TESTES COM USUÁRIOS

1. Qual é a diferença entre avaliação formativa e avaliação somativa no contexto da IHC?

Avaliação formativa ocorre durante o desenvolvimento para identificar problemas e melhorar o design; avaliação somativa ocorre após a implementação para medir a qualidade final e verificar se os objetivos foram alcançados.

2. Quais são os principais objetivos da avaliação formativa durante o desenvolvimento de um sistema?

Identificar falhas, refinar funcionalidades, melhorar a usabilidade e garantir que o sistema atenda às necessidades reais dos usuários antes do lançamento.

3. Quais métodos são comumente usados na avaliação formativa?

Testes de usabilidade com protótipos, avaliações heurísticas, análises de tarefas, entrevistas e observação direta dos usuários interagindo com o sistema.

4. Por que a avaliação somativa é importante após a implementação de um sistema?

Porque permite medir a eficácia, eficiência e satisfação do sistema em uso real, fornecendo dados para avaliar seu impacto e planejar melhorias futuras.

5. Quais métricas quantitativas são usadas na avaliação somativa para medir usabilidade?

Tempo para completar tarefas, taxa de sucesso, número de erros cometidos taxa de abandono e dados de logs de uso.

6. Como os testes com protótipos de baixa ou média fidelidade ajudam na identificação de problemas?

Eles permitem detectar problemas de fluxo, compreensão e interação sem os custos de modificar sistemas totalmente desenvolvidos, promovendo ajustes rápidos e econômicos.

7. Por que a participação de usuários reais é essencial nos testes de avaliação?

Porque apenas usuários reais podem revelar dificuldades, comportamentos inesperados e necessidades não previstas pela equipe de design, garantindo um alinhamento genuíno com a experiência prática.

8. Qual o papel das análises de tarefas e fluxos de interação nos processos de avaliação?

Ajudam a entender como os usuários percorrem o sistema, onde surgem obstáculos e quais pontos podem ser otimizados para melhorar a fluidez e a eficiência.

9. Como ferramentas como SUS (System Usability Scale) são usadas para medir a satisfação do usuário?

O SUS aplica um questionário padronizado que coleta percepções subjetivas dos usuários sobre facilidade de uso, complexidade e satisfação, gerando uma pontuação que permite comparações e diagnósticos.

10. Qual é a importância da avaliação como parte do compromisso ético e metodológico no design centrado no usuário?

Avaliar garante que os sistemas sejam eficazes, inclusivos e alinhados às necessidades humanas, evitando desperdício de recursos, frustração dos usuários e impactos sociais negativos, reforçando a responsabilidade ética do projeto.

RESPOSTAS – CAPÍTULO 10: ACESSIBILIDADE E DESIGN INCLUSIVO

1. O que significa acessibilidade digital no contexto da Interação Humano-Computador?

Significa garantir que sistemas, aplicativos e conteúdos digitais possam ser usados por todas as pessoas, independentemente de suas capacidades físicas, sensoriais, cognitivas ou tecnológicas.

2. Quais tipos de deficiência são contemplados pelas diretrizes de acessibilidade digital?

Deficiências visuais (cegueira, baixa visão), auditivas (surdez, deficiência auditiva), motoras (limitações de movimento), cognitivas (dificuldades de compreensão, memória, atenção) e múltiplas.

3. Qual é a importância de considerar acessibilidade desde as etapas iniciais de um projeto?

Porque incorporar acessibilidade desde o começo evita retrabalho, reduz custos, garante conformidade com normas e assegura que o produto final seja inclusivo para todos os públicos.

4. Quais são as diretrizes internacionais mais conhecidas para acessibilidade digital e quem as publica?

As WCAG (*Web Content Accessibility Guidelines*), publicadas pelo W3C (*World Wide Web Consortium*), são o principal conjunto de recomendações internacionais.

5. Como tecnologias assistivas, como leitores de tela, impactam o design inclusivo?

Elas exigem que conteúdos e interfaces sejam estruturados de forma semântica e clara, garantindo que informações possam ser interpretadas corretamente por ferramentas que traduzem texto em áudio, Braille ou outros formatos.

6. O que são barreiras digitais e como elas afetam usuários com deficiência?

São obstáculos nos sistemas e conteúdos digitais que impedem ou dificultam o acesso pleno, como falta de contraste, ausência de legendas, elementos não navegáveis por teclado, entre outros.

7. Como a acessibilidade digital beneficia não apenas pessoas com deficiência, mas também outros usuários?

Beneficia idosos, pessoas usando dispositivos móveis em condições adversas, usuários temporariamente lesionados, entre outros, ampliando o alcance e a qualidade geral da experiência.

8. Quais são exemplos práticos de boas práticas para garantir acessibilidade em sites e aplicativos?

Uso de texto alternativo em imagens, legendas em vídeos, contrastes adequados, navegação por teclado, estrutura semântica correta em HTML e mensagens de erro claras.

9. Como validar a acessibilidade de uma interface digital com usuários reais?

Realizando testes de usabilidade inclusivos, convidando pessoas com diferentes tipos de deficiência para interagir com o sistema e usando ferramentas automatizadas e manuais de verificação de acessibilidade.

10. Qual é a relação entre acessibilidade digital e responsabilidade ética no design de sistemas?

Garantir acessibilidade é um compromisso ético com a inclusão, equidade e respeito aos direitos humanos, assegurando que todos tenham acesso igualitário às oportunidades e informações oferecidas digitalmente.

RESPOSTAS – CAPÍTULO 11: EXPERIÊNCIA DO USUÁRIO (UX) E FATORES HUMANOS

1. Qual é a diferença entre usabilidade e experiência do usuário (UX) no contexto da IHC?

Usabilidade refere-se à eficácia, eficiência e satisfação ao usar um sistema. UX é mais ampla e inclui aspectos emocionais, sensoriais e subjetivos relacionados à interação, abrangendo toda a jornada do usuário, não apenas o uso funcional.

2. Quais são os elementos que compõem a experiência do usuário além da interface e da usabilidade?

Elementos como emoções, percepções subjetivas, estética, significado pessoal, contexto social, expectativas, memória afetiva e engajamento.

3. Como fatores emocionais influenciam a percepção de UX em um sistema interativo?

Eles afetam como o usuário percebe o valor e a qualidade do produto. Emoções positivas geram apego, lealdade e prazer, enquanto emoções negativas podem levar ao abandono do sistema.

4. Quais são os modelos teóricos que ajudam a compreender a experiência do usuário?

Modelos como os níveis de processamento emocional de Norman (visceral, comportamental, reflexivo), o modelo de UX Honeycomb (Peter Morville) e *frameworks* baseados em fatores cognitivos e emocionais.

5. Como fatores humanos como memória, atenção e percepção afetam o design de sistemas interativos?

Eles determinam como os usuários processam informações, detectam estímulos e aprendem a usar o sistema. Um bom design considera limitações cognitivas para reduzir a carga mental e evitar os erros.

6. Qual é a importância do contexto de uso na avaliação da experiência do usuário?

O contexto influencia expectativas, necessidades e comportamentos. Avaliar UX sem considerar o ambiente real de uso pode gerar conclusões incompletas ou equivocadas.

7. Como as emoções podem ser incorporadas ao design para enriquecer a experiência do usuário?

Por meio de estética agradável, microinterações, mensagens empáticas, *feedback* positivo e elementos que surpreendem ou encantam, criando conexões emocionais com o usuário.

8. Quais métodos são usados para medir e avaliar a experiência do usuário de forma qualitativa e quantitativa?

Entrevistas, grupos focais, diários de uso, observações diretas, questionários (como AttrakDiff), análise de métricas de engajamento e dados de interação.

9. Qual é o papel da empatia no processo de design focado na experiência do usuário?

Empatia permite compreender profundamente as motivações, desafios e expectativas dos usuários, levando a soluções mais alinhadas às suas necessidades reais e fortalecendo a conexão emocional.

10. Como os princípios de design emocional propostos por autores como Norman contribuem para criar produtos mais engajadores?

Eles orientam os designers a criarem experiências que não apenas funcionem bem, mas também sejam prazerosas, memoráveis e significativas, fortalecendo o vínculo entre o usuário e o produto.

RESPOSTAS – CAPÍTULO 12: INTERFACES NATURAIS E APLICAÇÕES IMERSIVAS

1. Explique a diferença entre Realidade Aumentada (RA) e Realidade Virtual (RV), destacando suas principais características e contextos de uso.

A Realidade Aumentada (RA) consiste na sobreposição de elementos digitais sobre o ambiente físico, enriquecendo a percepção do mundo real sem substituí-lo. Já a Realidade Virtual (RV) cria ambientes totalmente virtuais nos quais o usuário é imerso, perdendo a consciência do ambiente físico. A RA é aplicada, por exemplo, em manutenção técnica, cirurgias e jogos como *Pokémon Go*. A RV, por sua vez, é usada em treinamentos, terapias e simulações.

2. Com base no continuum de virtualidade proposto por Milgram e Kishino (1994), discorra sobre como a Realidade Aumentada se insere nesse espectro e quais são as implicações dessa classificação para o design de interfaces.

Segundo Milgram e Kishino (1994), o continuum de virtualidade varia do mundo real ao totalmente virtual, e a Realidade Aumentada posiciona-se entre esses extremos. Ela representa uma "realidade mista", pois mantém a visão do mundo real acrescida de camadas virtuais. Essa classificação permite entender que RA e RV não são opostas, mas parte de um espectro de experiências possíveis, o que impacta diretamente no design de aplicações híbridas.

3. Analise os fatores técnicos que contribuem para a eficácia de experiências imersivas em RA/RV, com destaque para o papel da latência, campo de visão e fidelidade visual.

A eficácia da experiência em RA/RV depende de variáveis como latência (tempo entre ação do usuário e resposta do sistema), campo de visão (abrangência visual do display) e fidelidade visual (resolução gráfica e realismo). Latência elevada causa enjoo e quebra da imersão. Um campo de visão amplo aumenta a sensação de presença, e alta fidelidade visual melhora a percepção de realismo.

4. Descreva como os dispositivos multissensoriais, como os hápticos e os de som espacializado, ampliam a sensação de presença nos ambientes imersivos. Dê exemplos de aplicações.

Dispositivos multissensoriais permitem ampliar a imersão ao integrar estímulos táteis, auditivos e até olfativos. Dispositivos hápticos como luvas e plataformas oferecem sensação de toque, pressão ou textura em objetos virtuais. O som espacializado permite ao usuário localizar sons tridimensionalmente, aumentando o realismo. Em contextos médicos e industriais, esses dispositivos permitem manipulação precisa e treinamento mais efetivo.

5. Explique a importância da sincronização temporal entre os canais sensoriais em sistemas imersivos. Quais os efeitos negativos da dissonância sensorial?

A sincronização entre canais sensoriais é essencial para manter a coerência perceptiva em ambientes imersivos. Quando há descompasso (por exemplo, o som chega antes do movimento visual), o cérebro identifica uma contradição, resultando em dissonância sensorial. Isso pode provocar enjoo, desconforto e perda da sensação de presença, prejudicando a experiência e a eficácia da aplicação.

6. Avalie o papel da Realidade Virtual na educação, com base nos benefícios observados em ambientes de aprendizagem tridimensionais. Quais são os impactos na motivação e na retenção do conhecimento?

Ambientes educacionais baseados em RV permitem a exploração ativa e tridimensional de conceitos abstratos, favorecendo maior engajamento dos alunos. A manipulação de objetos virtuais, visualização de sistemas complexos (como anatomia ou estruturas matemáticas) e simulações práticas aumentam a retenção de conhecimento e desenvolvem habilidades cognitivas e motoras simultaneamente.

7. Discuta as contribuições da RV e RA na área da saúde, com ênfase em aplicações clínicas, reabilitacionais e terapêuticas.

A RV é amplamente usada em treinamento cirúrgico, reabilitação motora e terapia psicológica. Simuladores oferecem ambientes seguros e controlados para prática médica. A exposição gradual a ambientes fóbicos em RV tem eficácia comprovada em tratamentos de fobias e TEPT. Já a RA é usada em cirurgias minimamente invasivas, sobrepondo imagens anatômicas ao corpo real do paciente para maior precisão.

8. Como as interfaces imersivas têm sido utilizadas no campo das artes e do design? Aponte exemplos e discuta os impactos dessas tecnologias na criação artística.

Na arte, RA e RV permitem a criação de obras interativas e dinâmicas que reagem à presença do público, como instalações sensoriais e performances digitais. No design, essas tecnologias possibilitam prototipação virtual de produtos e ambientes antes da fabricação física, economizando recursos e acelerando processos criativos. A estética se torna experiencial, não apenas visual.

9. Analise criticamente o conceito de metaverso como espaço virtual persistente. Quais os benefícios esperados e os riscos sociais e psicológicos associados à sua consolidação?

O metaverso propõe ambientes virtuais persistentes, compartilhados e imersivos, integrando trabalho, lazer, educação e socialização. Os benefícios incluem novas formas de colaboração, inclusão geográfica e economia digital. Contudo, riscos incluem vício, alienação, desigualdade de acesso, vigilância excessiva e impactos psicológicos decorrentes da hiper-realidade. A regulação e o desenho ético são fundamentais.

10. Reflexione sobre os principais desafios éticos levantados pelas experiências imersivas aplicadas, es-

pecialmente em relação à inclusão digital, privacidade sensorial e os efeitos da hiper-realidade.

A hiper-realidade intensifica a necessidade de proteção da privacidade sensorial e da integridade psicológica dos usuários. Interfaces imersivas coletam dados fisiológicos e emocionais sensíveis. A inclusão digital é um desafio, pois o acesso à tecnologia de ponta é desigual. O uso ético dessas tecnologias deve considerar efeitos a longo prazo, potencial de manipulação e necessidade de governança digital clara e participativa.

RESPOSTAS – CAPÍTULO 13: TECNOLOGIAS EMERGENTES E RUMOS DA IHC

1. Explique o conceito de ambientes inteligentes e sensíveis ao contexto. Como essas tecnologias alteram a interação humano-computador no cotidiano?

Ambientes inteligentes são espaços equipados com sensores, atuadores e sistemas de processamento que percebem o contexto, interpretam dados e adaptam-se dinamicamente às necessidades dos usuários. Sistemas sensíveis ao contexto consideram fatores como localização, tempo, atividade e identidade para ajustar seu comportamento. Essas tecnologias tornam a interação mais natural e eficiente, muitas vezes imperceptível, alterando a forma como usamos a tecnologia em casa, no trabalho ou em espaços públicos.

2. Descreva o papel dos sensores, da computação ubíqua e da Internet das Coisas (IoT) na constituição de ambientes inteligentes. Como essas tecnologias se complementam?

Sensores captam informações como temperatura, movimento, som ou presença; atuadores executam ações com base nesses dados. A computação ubíqua integra dispositivos computacionais de forma invisível ao ambiente. A IoT conecta esses dispositivos, permitindo troca de dados em tempo real. Juntas, essas tecnologias tornam os ambientes responsivos, autônomos e adaptativos, promovendo uma interação contextualizada e fluida.

3. Analise os benefícios e os desafios apresentados por aplicações de ambientes inteligentes em residências, hospitais e cidades. Dê exemplos concretos.

Casas inteligentes proporcionam conforto e economia de energia, adaptando luzes e temperatura aos hábitos dos moradores. Hospitais contextuais melhoram o atendimento por meio do monitoramento de pacientes e localização de equipamentos. Cidades inteligentes otimizam o trânsito, reduzem o consumo de energia e ampliam a segurança pública. Os desafios incluem alto custo, manutenção, privacidade e necessidade de infraestrutura tecnológica avançada.

4. Quais são os principais desafios éticos relacionados à privacidade, interoperabilidade e transparência em ambientes inteligentes? Proponha medidas mitigadoras.

A coleta massiva de dados levanta preocupações sobre consentimento e vigilância. A falta de interoperabilidade limita a comunicação entre dispositivos de diferentes fabricantes. A transparência é essencial para que o usuário compreenda como os dados são usados. Medidas mitigadoras incluem criptografia, padronização de protocolos, auditoria de sistemas e educação digital dos usuários.

5. O que caracteriza uma interface cognitiva baseada em IA generativa? Discuta como essas interfaces diferem de sistemas tradicionais de interação.

Interfaces cognitivas baseadas em IA generativa utilizam modelos que aprendem com grandes volumes de dados para gerar conteúdo, entender contextos e adaptar-se ao estado mental do usuário. Diferem dos sistemas tradicionais por não se basearem em regras fixas, mas em inferências contextuais, linguagem natural e aprendizagem contínua. São mais empáticas, personalizadas e responsivas.

6. Explique como a IA generativa tem sido aplicada na educação, na medicina e no desenvolvimento de software. Quais os impactos observados?

Na educação, sistemas como o Khanmigo adaptam conteúdo ao perfil do aluno, promovendo aprendizado personalizado. Na medicina, assistentes clínicos auxiliam diagnósticos e sugerem tratamentos. No desenvolvimento de *software*, ferramentas como o Copilot geram código automaticamente. Os impactos incluem aumento de produtividade, eficiência e acesso mais democrático ao conhecimento.

7. Discuta as limitações e riscos das IAs generativas, especialmente em relação à alucinação de conteúdo, vieses e desinformação. Como enfrentá-los?

As IAs generativas podem produzir informações falsas com aparência verídica (alucinação), reproduzir vieses sociais dos dados de treinamento e ser usadas para espalhar desinformação (*deepfakes, fake news*). Para mitigar esses riscos, é necessário validar os resultados, curar os dados, promover transparência nos modelos e estabelecer regulações éticas.

8. Defina o que são Interfaces Cérebro-Computador (BCIs) e explique como elas funcionam. Quais tecnologias são mais utilizadas nesse campo?

BCIs são sistemas que permitem a comunicação direta entre o cérebro e dispositivos computacionais, sem o uso de movimentos. Funcionam a partir da captação e interpretação de sinais neurais. As principais tecnologias são: EEG (eletroencefalografia), ECoG (eletrocorticografia), fNIRS, fMRI e implantes neurais, que variam em precisão, custo e invasividade.

9. Aponte pelo menos três aplicações práticas das BCIs e analise seu potencial de transformação em contextos como reabilitação, comunicação e arte.

BCIs são aplicadas no controle de neuropróteses, permitindo que pessoas com paralisia movimentem membros artificiais; na comunicação alternativa, como digitação mental para pacientes com ELA; e na arte, criando obras interativas controladas por atividade cerebral. Essas tecnologias promovem inclusão, expressão e recuperação funcional.

10. Reflexione sobre os principais desafios éticos e ambientais no uso de tecnologias emergentes em IHC,

incluindo aspectos de inclusão, sustentabilidade e responsabilidade algorítmica.

Desafios éticos incluem a inclusão digital, especialmente de grupos vulneráveis; a sustentabilidade, devido ao consumo de energia e produção de lixo eletrônico; e a responsabilidade sobre os impactos dos algoritmos. É fundamental adotar princípios de ecodesign, garantir acessibilidade, diversidade nos dados e implementar mecanismos de auditoria e regulação transparentes.

RESPOSTAS – CAPÍTULO 14: PACTOS COM O FUTURO: A VISÃO DE SAM ALTMAN E JONY IVE

1. Explique o conceito de "virada sem tela" apresentado por Sam Altman e Jony Ive. Quais mudanças esse paradigma propõe para a interação humano-computador?

A "virada sem tela" refere-se à transição do modelo tradicional centrado em telas para um novo paradigma de computação ambiental, pervasiva e sensível ao contexto. Em vez de exigir atenção visual constante, a tecnologia se integra de forma invisível à vida cotidiana por meio de sensores, interfaces por voz e dispositivos vestíveis. A interação passa a ocorrer com base na ambientação, não na visualização, tornando a tecnologia menos intrusiva e mais fluida

2. Como a computação centrada na ambientação redefine o papel da arquitetura e do espaço físico nas interfaces digitais? Dê exemplos.

A computação centrada na ambientação transforma o ambiente físico em interface. Elementos como luz, som, temperatura e objetos cotidianos tornam-se canais de interação. Espaços são projetados para reagir aos estados emocionais e comportamentos dos usuários. Um exemplo são casas que ajustam automaticamente a iluminação conforme o humor detectado, ou escritórios que alteram a temperatura para melhorar a concentração.

3. O que diferencia os companheiros de IA dos assistentes virtuais tradicionais? Analise os aspectos relacionais e ontológicos dessas novas entidades digitais.

Diferentemente dos assistentes virtuais tradicionais, os companheiros de IA estabelecem relações simbióticas e personalizadas com os usuários. Eles não apenas executam comandos, mas compartilham memórias, reconhecem emoções e aprendem com o tempo. Ontologicamente, representam uma nova forma de alteridade: um outro sem corpo, mas com presença emocional, moldando a experiência de convívio digital.

4. Em que contextos sociais os companheiros de IA estão sendo utilizados atualmente, e quais potencialidades e riscos estão envolvidos nesse tipo de interação?

Companheiros de IA estão sendo explorados em contextos terapêuticos (para apoio emocional), educacionais (como tutores personalizados), profissionais (assistência cognitiva) e familiares (interações afetivas). Suas potencialidades incluem companhia, empatia digital e suporte contínuo. Os riscos envolvem manipulação emocional, dependência, perda da autonomia e violação de privacidade emocional.

5. Descreva o conceito de "design invisível" segundo Jony Ive. Como ele se relaciona com a ideia de presença emocional na interação com tecnologias?

O "design invisível", segundo Jony Ive, busca criar dispositivos tão intuitivos e naturais que desaparecem da percepção consciente do usuário. Em vez de visibilidade estética, o foco é a sensibilidade emocional. A presença se manifesta no tom de voz, no tempo de resposta, no toque. Assim, o design torna-se experiencial e afetivo, não apenas funcional.

6. Como a integração entre neurociência, psicologia e computação afetiva transforma o papel do design na criação de experiências tecnológicas?

A integração dessas áreas permite que o design considere sinais fisiológicos e emocionais, como batimentos cardíacos e variações vocais, para adaptar a interação em tempo real. Isso torna o design mais responsivo ao estado do usuário, promovendo interfaces que cuidam, acolhem e modulam experiências emocionais, criando ambientes tecnológicos empáticos e personalizados.

7. Discuta os principais riscos éticos associados à manipulação emocional e à vigilância ubíqua em tecnologias invisíveis e companheiros de IA.

Os principais riscos incluem o uso de dados emocionais para fins comerciais, o estímulo a comportamentos compulsivos e a invasão da intimidade. A vigilância ubíqua pode comprometer a autonomia individual e favorecer o controle algorítmico. A manipulação afetiva pode gerar dependência ou influenciar decisões pessoais de forma opaca e não consentida.

8. O que Altman e Ive propõem como formas de mitigar os riscos do encantamento tecnológico? Quais são os princípios fundamentais de um design ético para essas novas interfaces?

Eles defendem uma infraestrutura baseada em transparência, auditabilidade, direitos digitais e governança ética. O design deve ser explicável, confiável e respeitar os limites da experiência humana. A ética da vulnerabilidade deve reconhecer a exposição emocional dos usuários e garantir que a tecnologia não explore, mas proteja essa vulnerabilidade.

9. Analise a afirmação "o que vem aí não é um novo produto, mas uma nova ecologia relacional". O que isso implica para o desenvolvimento e uso da tecnologia?

Essa afirmação indica uma mudança de foco: não se trata de lançar novos dispositivos, mas de redesenhar os modos de convivência com a tecnologia. Implica pensar em sistemas como entidades que coexistem conosco, exigindo cuidado, responsabilidade e sensibilidade. Desenvolver tecnologia passa a ser também construir relações éticas, afetivas e sustentáveis.

10. Reflexione sobre a ideia de que a tecnologia deve desaparecer para o humano emergir. Que responsabilida-

des isso impõe aos designers, engenheiros e sociedade em geral?

A ideia de desaparecimento da tecnologia requer que ela sirva ao humano sem dominá-lo. Designers e engenheiros devem criar sistemas empáticos, respeitosos e não invasivos. A sociedade precisa discutir os limites éticos da automação, exigir regulamentação e participar ativamente na definição dos rumos tecnológicos. O humano deve estar no centro da inovação, não à sua margem.